Fachberatung im Aufbruch

»Im Dialog«

herausgegeben vom

nifbe Niedersächsisches Institut
für frühkindliche Bildung und Entwicklung

Fachberatung im Aufbruch

Elke Alsago | Maria-Eleonora Karsten | Michael May | Christa Preissing

Fachberatung im Aufbruch

Verortung – Herausforderungen – Empfehlungen

HERDER

FREIBURG · BASEL · WIEN

Redaktion: Karsten Herrmann

Umschlaggestaltung: Verlag Herder

Coverbild: © Markus Glombitza/fotolia.com

Fotos innen: S. 12 © Christian Schwier/fotolia.com; S. 82 © Jeanette Dietl/fotolia.com;

S. 144 © Woodapple/fotolia.com

Innengestaltung: Hauptsatz Susanne Lomer, Freiburg

Herstellung: Graspo CZ, Zlín

Printed in the Czech Republic

ISBN Print 978-3-451-37834-8

ISBN E-Book (PDF) 978-3-451-81227-9

Inhalt

II Praxisaspekte der Fachberatung

III Aus- und Weiterbildung

Vorwort

Das Feld der frühkindlichen Bildung, Erziehung und Betreuung ist seit Jahren von großer Dynamik geprägt – neben dem quantitativen Ausbau steigen die Qualitätsansprüche und damit die Anforderungen an frühpädagogische Fachkräfte rasant an; zugleich erbringen Forschung und Modellprojekte eine Vielzahl von neuen Erkenntnissen und Konzepten rund um die frühkindliche Bildung.

Die institutionelle Kindertagesbetreuung ist eingebettet in ein ebenso komplexes wie heterogenes System aus Politik, Trägern, Aus- und Weiterbildung und Fachberatung. Das **nifbe** versteht sich als Schnittstelle zwischen diesen verschiedenen Ebenen und insbesondere auch als leistungsstarkes Bindeglied zwischen Praxis und Wissenschaft. Im Zentrum seiner Aufgaben stehen der Dialog und der Transfer. So sollen einerseits neue Forschungserkenntnisse und innovative Konzepte in die Praxis transferiert und andererseits auch Bedarfe, Problemstellungen und Best-Practice-Beispiele aus der Praxis zurück in Wissenschaft und die Entscheidungsebenen gespiegelt werden.

In seiner Schlüsselstellung für diese Transferaufgaben hat das **nifbe** von Anfang an stark auf die Fachberatung gesetzt – es hat sich regional und auf Landesebene intensiv mit ihr vernetzt und unterstützt sie zugleich durch spezifische Fortbildungsformate, Print- und Online-Publikationen sowie kollegiale Austausch- und Vernetzungsangebote. Seit 2015 begleitet und moderiert das **nifbe** den Prozess der niedersächsischen Fachberatung zur Entwicklung eines Professionsverständnisses. In diesem Sinne versteht sich das **nifbe** auch als Unterstützungssystem für wiederum das Unterstützungssystem Fachberatung.

Aus den vielen Begegnungen und Diskussionen mit FachberaterInnen und ExpertInnen aus der Forschung ist schließlich dieses Fachbuch hervorgegangen. Da das Feld der Fachberatung durch eine ausgeprägte Heterogenität gekennzeichnet ist und kein gemeinsames Professionsverständnis existiert, ist das Bedürfnis nach kritischer Bestandsaufnahme, der Darstellung aktueller Entwicklungslinien und möglicher Perspektiven für Fachberatung groß. Entsprechend dem Motto unserer Fachbuchreihe »Im Dialog« lassen wir dafür in diesem Buch nicht nur die Wissenschaft, sondern auch die Praxis selber zu Wort kommen und beispielsweise Einblicke in wichtige Brückenfunktionen oder auch in den ganz konkreten Tagesablauf einer Fachberaterin gewähren.

Ziel des Buches ist es nicht zuletzt, den sich häufig als »EinzelkämpferInnen« fühlenden FachberaterInnen Mut zu machen – Mut, um sich als starke gesellschaftliche Kraft für die Sache der frühkindlichen Bildung zu verstehen, sich zu vernetzen und sich auf den Weg zu einem gemeinsamen Professionsverständnis zu machen. Nur als anerkannte und rechtlich wie finanziell sicher im System der Kindertagesbetreuung verankerte Profession kann Fachberatung die an sie gestellten hohen Ansprüche erfüllen und maßgeblich mit zur Qualitätsentwicklung in den Kindertagesstätten und auch der Kindertagespflege beitragen.

Prof. Dr. Renate Zimmer
Direktorin des Niedersächsischen Instituts
für frühkindliche Bildung und Entwicklung

Einleitung

In der aktuellen Fachdiskussion werden FachberaterInnen immer wieder als ein zentraler Schlüssel zur weiteren Qualitätsentwicklung in der institutionellen Kindertagesbetreuung herausgestellt: Sie initiieren und begleiten konsequent den Qualitätsentwicklungsprozess in den Kitas, fungieren als Bindeglied zwischen Forschung und Kita-Praxis, zwischen Kita und Träger sowie zwischen Kita/Träger und der Politik. Übergreifend bilden sie auch eine öffentlichkeitswirksame Lobby für das Thema der frühkindlichen Bildung. Nicht zuletzt leisten FachberaterInnen so einen wichtigen Beitrag dazu, dass Kinder im Osten und Westen, im Süden und Norden der Republik die gleichen Entwicklungs- und Bildungschancen in den Einrichtungen bekommen.

Soweit das Ideal. Doch die Realität ist (noch) eine andere: Fachberatung ist ein äußerst heterogen aufgestelltes und weithin ungeregeltes Feld. Sowohl im Hinblick auf die Anzahl der jeweils zu begleitenden Kitas als auch die jeweiligen Aufgabenstellungen gibt es extreme Unterschiede. Die Aufgaben reichen – oft spannungsvoll gekoppelt – von der klassischen Beratung und Begleitung über Weiterbildung, Verwaltungsaufgaben und die Implementierung von Qualitätsmanagementsystemen bis hin zur Dienst- und Fachaufsicht.

Für FachberaterInnen gibt es weder eine Ausbildung noch ein Studium, und erst vereinzelt werden spezifische Weiterbildungsmaßnahmen angeboten. Die rechtliche Verankerung der Fachberatung auf Bundesebene und auf den Länderebenen ist weitestgehend unverbindlich oder auch gar nicht vorhanden. So hängt die konkrete Ausgestaltung der professionellen Rolle letztlich in starkem Maße von den Ressourcen und Vorstellungen der einzelnen Träger ab. Nicht selten müssen oder dürfen FachberaterInnen sich auch heute noch ihre Arbeitsplatzbeschreibungen selbst formulieren – was einerseits der individuellen und flexiblen Anpassung an vorhandene Kompetenzen und Strukturen entgegenkommt, andererseits aber einer weitgehenden Beliebigkeit Vorschub leistet.

In diesem Sinne ist Fachberatung noch weit entfernt davon, eine eigenständige Profession mit akademisch-wissenschaftlicher Ausbildung, einem definierten Grundverständnis oder berufsständischer Vertretung zu sein. Doch unübersehbar ist das Feld der Fachberatung gerade in den vergangenen zwei bis drei Jahren deutlich in Bewegung geraten, und es gibt eine positive Aufbruchsstimmung. So steht die Fachberatung zunehmend im Fokus der wissenschaftlichen und bildungspolitischen Debatte, wozu auch die Diskussionen, Expertisen und Konzeptionen rund um das Bundesqualitätsgesetz sowie um die Reform des SGB VIII beigetragen haben. Sowohl auf Bundesebene als auch auf Länderebene gibt es zum Beispiel im Rahmen des Deutschen Vereins, der Bundesarbeitsgemeinschaft Bildung und Erziehung in der Kindheit oder auch jüngst der Kinder- und Jugendstiftung konkrete Ansätze zur Vernetzung und trägerübergreifenden Selbstorganisation der Fachberatung.

Mit diesem Buch wird aus unterschiedlichen Perspektiven das facettenreiche Feld der Fachberatung näher beleuchtet. Neben einer grundsätzlichen Bestandsaufnahme des Arbeitsfeldes und einer bildungspolitischen Einordnung nehmen die AutorInnen die für Fachberatung notwendigen Kompetenzen und vorherrschende Beratungstypen in den Blick und zeigen historische wie aktuelle Entwicklungen auf. Sie geben konkrete Empfehlungen, wie Fachberatung aufgestellt sein muss, um sich zu einem konsistenten und nachhaltigen Unterstützungssystem für die Kitas, aber auch für Träger und Politik zu entwickeln und damit den aktuellen wie zukünftigen Herausforderungen gerecht werden zu können. So bietet dieses Buch Orientierung für das sich im Aufbruch befindliche Feld und markiert wichtige Meilensteine auf dem Weg der Fachberatung zur Profession.

Karsten Herrmann & Maria Korte

Teil I
Wissenschaftliche Grundlagen

Fachberatung als zentraler Schlüssel zur Qualitätsentwicklung
Aktuelle Verortung, Bedeutung und Perspektiven

Christa Preissing | Karsten Herrmann

Das System der frühkindlichen Bildung, Betreuung und Erziehung ist in den vergangenen Jahren durch einen gravierenden Wandel gekennzeichnet. Auf der einen Seite ist der – infolge des bundesweiten Rechtsanspruchs auf einen öffentlich geförderten Betreuungsplatz – massive quantitative Ausbau der Plätze für Kinder unter drei Jahren zu nennen. So hat sich die Zahl der in Tageseinrichtungen und Kindertagespflege betreuten Kinder innerhalb von gut zehn Jahren auf heute mehr als 750.000 fast verdreifacht. Auf der anderen Seite stehen der qualitative Anspruch und die damit in den letzten Jahren stetig gestiegenen Anforderungen an pädagogische Fachkräfte bei stagnierenden oder sich nur leicht verbessernden Rahmenbedingungen – von der Eingewöhnung über Sprachförderung, Zusammenarbeit mit Eltern oder sozialräumliche Vernetzung bis zur aktuellen Aufnahme von Kindern mit Fluchthintergrund und dem zu realisierenden Projekt der Inklusion.

Die Verantwortung für eine fachlich fundierte, qualitativ hochwertige pädagogische Praxis kann dabei nicht alleine dem pädagogischen Personal zugeschrieben werden, das die unmittelbare Arbeit mit den Kindern leistet. Sie kann vielmehr nur in gemeinsamer und abgestufter Verantwortung aller im System tätigen Akteure geleistet werden: Bund, Länder, Träger und ihre Verbände, Leitungskräfte und pädagogische Fachkräfte stehen damit in einer Verantwortungsgemeinschaft. Eine zentrale Rolle spielt hierbei auch eine Fachberatung, die die jeweiligen gesellschaftlichen Entwicklungen mit Blick auf ihre Auswirkungen für die pädagogische Praxis auf Basis aktueller wissenschaftlicher Erkenntnisse aufbereitet, systematisiert und einer Bewertung zugänglich macht. Diese zentrale Rolle der Fachberatung wurde lange Zeit unterschätzt und ist erst seit relativ kurzer Zeit (wieder) in den Fokus von Wissenschaft und Politik geraten. Ein Grund dafür dürfte die bis heute im Hinblick auf Aufgaben, Ressourcen oder strukturelle Einbettung äußerst heterogen aufgestellte und länderrechtlich kaum verankerte bzw. konkretisierte Fachberatungspraxis sein.

Im Folgenden sollen nun auf der Grundlage der im Rahmen der Debatte für ein Kita-Qualitätsgesetz für das Bundesfamilienministerium verfassten Expertise »Fachberatung im System der Kindertagesbetreuung« einerseits der Status quo der Fachberatung und zum anderen die Bedeutung der Fachberatung für das System der Kindertagesbetreuung näher beleuchtet und Schlussfolgerungen für ihre Ausgestaltung und Veränderungen gezogen werden. Das Kapitel schließt mit acht zentralen Empfehlungen zu Rahmenbedingungen und dem Profil von Fachberatung, mit denen diese zu einem effektiven Steuerungs- und Unterstützungsinstrument für die Qualitätsentwicklung und -sicherung in der Kindertagesbetreuung werden kann.

Status quo

Über die tatsächliche Situation der Fachberatung im System der Kindertagesbetreuung gibt es erst erstaunlich wenige gesicherte Erkenntnisse (vgl. hierzu auch die Darstellung des Forschungsstandes auf S. 72ff.), und sie erscheint von außen betrachtet zunächst ungeregelt und undurchschaubar. Dies hat seine Ursache sicherlich auch in ihrer mehr als hundertjährigen Geschichte, in der sich Fachberatung eher naturwüchsig im Rahmen einer heterogenen Trägerlandschaft und in jeweiliger Anpassung an aktuelle Bedürfnisse entwickelt hat (vgl. hierzu auch die exemplarische Darstellung der Entwicklung der Fachberatung in Niedersachsen auf S. 36ff.). So entstanden »unterschiedliche Definitionen, Formen, Ausgestaltungen und Arbeitsprinzipien [...], die mit verschiedenen Arbeitsaufträgen und Arbeitskonstruktionen verbunden sind« (Herrenbrück et al. 2011, S. 4). Diese Entwicklung der Fachberatung wurde weder kontinuierlich durch eine wissenschaftliche oder fachpolitische Auseinandersetzung begleitet, geschweige denn beeinflusst oder gar gesteuert.

Zur aktuellen strukturellen Verankerung der Fachberatung resümiert Münch: »So vielfältig wie die Trägerlandschaft im Feld der Kindertagesbetreuung, so vielfältig ist auch die Verankerung der Fachberatung. Dazu kommt noch, dass je nach Zielsetzung des Trägers ganz unterschiedliche Aufgabenbereiche und Zuständigkeiten für die Fachberatung vorgesehen sind« (Münch 2010, S. 51).

Strukturelle Verankerung

Grundsätzlich zu unterscheiden sind vier Formen der strukturellen Verankerung:

1. **Fachberatung durch die öffentliche Jugendhilfe**

   Die FachberaterInnen sind hier in der Regel direkt beim Jugendamt angestellt und können auf die dort gegebenen Infra- und Kommunikationsstrukturen zurückgreifen. Primär richtet sich die Fachberatung an Kitas in eigener, kommunaler Trägerschaft, kann sich aber auch an Einrichtungen in anderer Trägerschaft richten. Grundsätzlich muss der örtliche Träger der Jugendhilfe nach § 22a Abs. 5 SGB VIII im Rahmen seiner Gesamtverantwortung alle Kitas und ihre Entwicklung im Blick haben.

2. **Fachberatung durch Einrichtungsträger**

   In diesem Fall sind die FachberaterInnen beim jeweiligen Einrichtungsträger angestellt und so auch jeweils dessen konzeptionellem Profil bzw. Leitbild verpflichtet.

3. **Fachberatung durch Spitzenverbände der Freien Wohlfahrtspflege**

   FachberaterInnen sind auch bei Spitzenverbänden der Freien Wohlfahrtspflege angestellt, die selbst keine Kitas in ihrer Trägerschaft haben. Eine solche übergeordnete Ansiedlung erleichtert die fachliche Unabhängigkeit der Fachberatung.

4. **Fachberatung durch externe AnbieterInnen**

   Insbesondere kleine und finanziell schwache Kita-Träger (z.B. Elterninitiativen), die keine eigene Fachberatung vorhalten können, sind auf die Dienstleistung von freien bzw. privat-gewerblichen FachberaterInnen angewiesen. Diese haben den Vorteil eines fachlich unabhängigen Blicks »von außen«. Für einzelne Themen oder aktuelle Herausforderungen werden diese FachberaterInnen teilweise auch von Kitas größerer Träger als punktuelle Ergänzung der internen Fachberatung in Anspruch genommen. Nur in Ausnahmefällen können externe AnbieterInnen aber eine längerfristige Prozessbegleitung gewährleisten und können so kaum Einfluss auf das System nehmen.

Rechtliche Verankerung

Grundsätzlich ist festzustellen, dass viele Bundesländer zwar Aussagen zur Bedeutung von Fachberatung und zur Notwendigkeit ihrer Inanspruchnahme durch die Kitas treffen. Allerdings nutzen nur wenige Länder die Möglichkeit, das Aufgabenprofil und die Qualifikationsvoraussetzungen der Fachberatung klarer zu umreißen, geschweige denn Aussagen zu ihrer Finanzierung zu treffen. Zur differenzierteren Darstellung der (aktuellen) rechtlichen Verankerung der Fachberatung auf Bundes- und Landesebene sei an dieser Stelle auf den folgenden Beitrag (siehe S. 26 ff.) verwiesen.

Berufs- und Aufgabenprofil

Da Fachberatung bisher kein geschützter oder im Sinne eines übergreifenden Professionsverständnisses eindeutig definierter Begriff ist, stellt sich ihr Berufs- und Aufgabenprofil als äußerst vielfältig und teils sogar widersprüchlich dar. Fachberatung ist so letztlich »noch weit davon entfernt, Berufsidentität für die Ausführenden zu schaffen, so wie es andere *Berufsbilder* tun können« (Münch 2010, S. 47). Es wundert daher auch nicht, dass Anstellungsträger von Fachberatung zuweilen Schwierigkeiten haben, eine klare Stellenbeschreibung oder ein klares Aufgabenprofil zu definieren (dies spiegelt sich auch in einer aktuellen Analyse der Stellenausschreibungen für Fachberatungen auf S. 90 ff. wider). Damit drohen FachberaterInnen entweder zum beliebig einsetzbaren »Mädchen für alles« zu werden, oder sie können dieses Definitions-Vakuum nutzen, um die Stelle ganz nach den Bedarfen vor Ort bzw. auch an ihren persönlichen Vorlieben und Kompetenzen auszurichten.

Zugespitzt formuliert, bewegt sich das Berufs- und Aufgabenprofil der Fachberatung derzeit zwischen den Polen von klassischer sozialpädagogischer Beratung und Prozessbegleitung einerseits und einem gezielten Qualitäts- und Organisationsmanagement andererseits. Im Zuge der anfangs dargestellten An- und Herausforderungen im Feld der Frühkindlichen Erziehung, Bildung und Betreuung ist jedoch eine deutliche Verschiebung in Richtung des zweiten Poles zu verzeichnen. Auch die Trägerberatung selbst nimmt dabei einen zunehmenden Raum ein und führt dazu, dass viele Fachberatungen vermehrt das Gefühl haben, »zwischen den Erwartungen des Teams bzw. der Einrichtungsleitung und denen des Trägers hin- und hergerissen zu werden« (Sell 2011, S. 10).

Ein weiteres Spannungsfeld tut sich in der Verbindung der Fachberatung mit einer Fach- und/oder Dienstaufsicht auf. Nach den Ergebnissen einer WiFF-Studie nehmen 54 Prozent der befragten FachberaterInnen gleichzeitig eine Aufsichtsfunktion wahr. »Der Umfang, in dem diese ausgeübt wird, schwankt jedoch stark je nach Trägerschaft der Fachberatung« (Leygraf 2013, S. 17). Die Koppelung von Fachberatung mit Fach- und/oder Dienstaufsicht wird seit Langem intensiv und auch kontrovers diskutiert. Oftmals wird eine klassische sozialpädagogische Beratung als unvereinbar mit einer Dienst- und Fachaufsicht angesehen, da diese nicht mehr auf Augenhöhe, offen und im Vertrauen stattfinden könne (vgl. u.a. Kirchmeier 2011; Asmussen 2010).

Andere sehen gerade auch in Anbetracht der notwendigen Realisierung des öffentlichen Bildungsauftrages und einer entsprechenden Qualitätsentwicklung die positiven Aspekte der mit Dienst- oder Fachaufsicht verbundenen Steuerungsmöglichkeiten (vgl. Jansen 2011, S. 25). Fachberatung kann so zu einem bewusst und gezielt eingesetzten Steuerungselement für durch Länder oder Träger vorgegebene Entwicklungen und Zielsetzungen werden – und gerät damit allerdings fast zwangsläufig in die Nähe von Vorgaben und Kontrolle.

Beide Argumentationslinien haben je nach Perspektive ihre Berechtigung. Wichtig ist bei der Verknüpfung beider Funktionen, sich jeweils die eigene Rolle in der konkreten Situation bewusst zu machen und Transparenz darüber herzustellen.

Das konkrete Aufgabenprofil von Fachberatung weist eine große Spannbreite auf und reicht von kita-bezogenen Aufgaben (z.B. Beratung von Teams, Konzeptions- und Qualitätsentwicklung) über die Durchführung oder Koordination von Qualifizierungen der Fachkräfte, Transferaufgaben und Träger-Beratung bis hin zur (Finanz-)Verwaltung (vgl. Deutscher Verein 2012).

In der WiFF-Studie zur Fachberatung wurden FachberaterInnen anhand eines vorgegebenen Aufgabenkatalogs gefragt, welche Aufgaben sie in welchem Umfang wahrnehmen. An den ersten beiden Stellen stehen hier die direkten kita-bezogenen Aufgaben »Beratung und Begleitung von Leitung, Fachkräften und Teams« sowie die »Konzeptions- und Organisationsentwicklung«. Von den insgesamt 17 abgefragten Aufgabengebieten nahmen die FachberaterInnen im Durchschnitt 15 wahr. Rund ein Drittel der Befragten beklagte sich dabei über eine Belastung mit fachberatungsfernen Anforderungen, unter die für sie insbesondere »Aufsichtsfunktionen, betriebswirtschaftliche Aufgaben oder Organisationsaufgaben aus Sicht der Träger« (Leygraf 2013, S. 22) fallen.

Tabelle: Aufgabenprofil

Aufgabe	Der Arbeitsanteil ist ...				Rangfolge*
	sehr hoch u. hoch %	niedrig u. sehr niedrig %	nicht vorhanden %	n	
Spaltennummer	(1)	(2)	(3)	(4)	(5)
(1) Kitabezogene Aufgaben im engeren Sinne					
Beratung und Begleitung von Leitung, Fachkräften u. Teams	87	12	1	640	1.
Konzeptions- und Organisations-entwicklung	78	19	2	634	2.
Fallbesprechungen	30	63	7	625	15.
(2) Qualifizierung der Fachkräfte					
Planung und Organisation von Weiterbildung	63	32	5	640	4.
Information und Beratung zu Weiterbildung	50	47	3	632	7.
Durchführung von eigenen Weiterbildungen für Kitas	45	45	10	643	8.
Entwicklung oder Durchführung von Projekten	33	58	9	630	14.
(3) Trägerorientierte Aufgaben und Gremienarbeit					
Beratung des Trägers	59	35	6	629	5.
Organisationsaufgaben für den Träger	52	41	8	629	6.
Gremienarbeit	36	54	9	640	13.

Darstellung der Tabelle Nr. 5 der WIFF-Studie (nach Beher & Walter 2011, S. 19). Die Frage lautete: »Wie hoch ist der Arbeitsanteil, den die folgenden Aufgaben bei der Durchführung Ihrer Fachberatungstätigkeit für Kindertageseinrichtungen einnehmen?«

Kompetenzen, Ausbildung und Qualifizierung von Fachberatung

Das in der Regel sehr breite und anspruchsvolle Aufgabenspektrum von FachberaterInnen erfordert ebenso weitgefächerte personale und sozial-kommunikative Kompetenzen sowie Fach- und Methodenkompetenz und Aktivitäts- und Handlungskompetenz (siehe dazu S. 49 ff.).

Im Hinblick auf die Ausbildung für das Aufgabenfeld ist nach wie vor mit Irskens (1992) zu konstatieren, dass Fachberatung ein »unechter Anlernberuf« ist, für den es keine grundständige oder berufsbegleitende Ausbildung und keine dezidierten Studiengänge gibt. Als Ausnahmen könnten hier der Studiengang »Bildung und Sozialmanagement in der frühen Kindheit« an der Hochschule Koblenz und der Masterstudiengang »Beratung in kindheitspädagogischen Handlungsfeldern« an der Fachhochschule Erfurt angeführt werden, die nicht nur für (Leitungs-)Funktionen in Kindertagesstätten, Trägerorganisationen und Verbänden, sondern auch für die Fachberatung qualifizieren sollen. Ansonsten ist das Thema Fachberatung mehr oder minder stark integraler Bestandteil von Studiengängen zur Kindheitspädagogik.

So bringen FachberaterInnen »höchst unterschiedliche Qualifikations- und Qualifizierungsprofile mit. Sie können Erzieherinnen mit einem höheren oder niedrigeren Grad an Praxiserfahrung sein, Diplom-Pädagoginnen, Sozialpädagoginnen (FH oder Uni), sog. Quereinsteigerinnen u.v.m.« (Münch 2010, S. 54). In der WiFF-Studie gaben allerdings 82 Prozent der befragten FachberaterInnen an, über einen (nicht näher hinterfragten) Hochschulabschluss zu verfügen. 17 Prozent nannten eine ErzieherInnen-Ausbildung als höchsten Berufsabschluss (vgl. Leygraf 2013).

Fort- und Weiterbildung

Auch in der Fort- und Weiterbildung sind dezidierte Angebote für FachberaterInnen (noch) die Ausnahme (siehe dazu S. 145 ff.). So haben FachberaterInnen grundsätzlich Probleme, bedarfsgerechte Angebote für ihren Qualifizierungsbedarf zu finden. Gut 40 Prozent der Befragten bezeichneten in der WiFF-Studie das Themenspektrum an beruflichen Fort- und Weiterbildungsmaßnahmen als nicht ausreichend (Leygraf 2013, S. 38). Insbesondere wünschen sie sich mehr Angebote zu rechtlichen und organisatorischen Themen sowie zu Supervision und Gesprächsführung (ebd., S. 39).

Darüber hinaus weisen vielfache Erfahrungsberichte von FachberaterInnen darauf hin, dass ihre hohe zeitliche Belastung ein schwerwiegendes Hindernis für die Inanspruchnahme von Fort- und Weiterbildungen darstellt. Rund 20 Prozent der FachberaterInnen geben so in der WiFF-Studie an, in den letzten zwölf Monaten an keiner Fort- oder Weiterbildung teilgenommen zu haben (ebd., S. 37).

FachberaterInnen-Kita-Relation

So wie der Personalschlüssel in den Kitas ein starker Faktor für die (Interaktions-) Qualität ist, so ist die Relation von FachberaterIn und zu begleitenden Kitas ein starkes Indiz für die Frequenz der Kontakte und die Intensität der Beratungs- und Qualitätsentwicklungsprozesse. Die WiFF-Studie hat gezeigt, dass es hier geradezu dramatische Unterschiede gibt und die Spannweite zwischen einer und 600(!) Einrichtungen pro Fachberatungskraft liegt. Immerhin 45 Prozent der befragten FachberaterInnen geben allerdings an, nur für bis zu 25 Kitas und weitere 20 Prozent für bis zu 50 zuständig zu sein (ebd., S. 33). Für 100 und mehr Kitas zeigten sich in der Befragung insgesamt 14 Prozent zuständig (ebd.).

Die Fachberatungs-Kita-Relation sagt allerdings nur wenig über die tatsächlich für die unmittelbare Arbeit mit den Kitas zur Verfügung stehende Zeit der FachberaterInnen aus. Hier ist eine Vielzahl von weiteren Faktoren wie Vollzeit- oder Teilzeitstelle, Aufgabenspektrum bzw. Stadt oder Land zu berücksichtigen.

Fast die Hälfte der Befragten beklagt in der WiFF-Studie (»voll und ganz« bzw. »eher«), dass sie für zu viele Kitas zuständig ist. Rund 40 Prozent der Befragten halten die Anzahl der zu begleitenden Kitas allerdings auch für angemessen (ebd., S. 34).

Fachberatung als ein Schlüssel zur Qualitätsentwicklung

Die in der fach- und bildungspolitischen Diskussion lange Zeit wenig beachtete Fachberatung kann und muss bei der Gestaltung des gravierenden Wandels und der konsequenten Qualitätsentwicklung in der Frühkindlichen Bildung, Betreuung und Erziehung eine zentrale Rolle einnehmen. Fachlich besteht Einvernehmen darüber, dass den gestiegenen Anforderungen an Leitung, pädagogische Fachkräfte und die gesamten Kita-Teams nicht durch punktuelle Fortbildungen entsprochen werden kann. Notwendig ist vielmehr eine prozesshafte, kontinuierliche Begleitung, die sich an den jeweiligen Bedingungen vor Ort orientiert und Kita-Team sowie Träger dabei unterstützt, den für ihre jeweilige Situation angemessenen Weg zu finden und zu gestalten: »Fachberatung trägt federführend dazu bei, neuere konzeptionelle und politisch gewünschte strukturelle Entwicklungen im Bereich der frühkindlichen Bildung und Erziehung zu unterstützen, in die Praxis zu implementieren und durchzusetzen« (Herrenbrück et al. 2011, S. 5).

Allerdings ist Fachberatung nicht schlicht die Erfüllungsgehilfin für Anforderungen von außen. Sie sollte vielmehr die Praxis dabei unterstützen, sich vor unangemessenen oder widersprüchlichen Zielen und Ansprüchen zu bewahren.

In diesem Sinne nehmen FachberaterInnen auch immer eine Mittler- und Brückenfunktion zwischen (Bundes-, Landes-, kommunaler) Bildungspolitik, Trägern, Wissenschaft und der Kita-Praxis ein. Auf dem Hintergrund ihres mit den verschiedenen Akteursebenen vernetzten Fachwissens macht die Fachberatung Handlungsvorschläge, die sie mit den pädagogischen Fachkräften vor Ort diskutiert und in der für die Kita passgenauen Umsetzung begleitet. Dabei tragen FachberaterInnen im Idealfall auch dafür Sorge, dass durch Vernetzung und Kooperation im Stadtteil ein fruchtbarer Erfahrungsaustausch entsteht und Synergieeffekte möglich werden.

Systematische Qualitätsentwicklung ist essenziell auf die Kommunikation und Auseinandersetzung im Team angewiesen und braucht als Basis eine offene, angstfreie und konfliktfreudige Teamkultur. Dies ist ohne eine (zumindest zeitweilige) prozessbegleitende Unterstützung von außen kaum vorstellbar. Für die Verständigung über Qualitätsansprüche, die an tief verankerten Orientierungen für und Vorstellungen über die pädagogische Arbeit und das »Bild vom Kind« rühren, gilt das ganz besonders.

Grundsätzlich kann Fachberatung Leitungen und Kita-Teams bei der (Weiter-) Entwicklung einer professionellen Haltung in der Interaktion mit Kindern und Eltern und der dafür unabdingbaren (Selbst-)Reflexion unterstützen. So soll sich die Förderung der Kinder entsprechend den Erkenntnissen von Erziehungswissenschaft, Soziologie, Neurobiologie und Entwicklungspsychologie »am Alter und Entwicklungsstand, den sprachlichen und sonstigen Fähigkeiten, der Lebenssituation sowie den Interessen und Bedürfnissen des einzelnen Kindes orientieren und seine ethnische Herkunft berücksichtigen« (§ 22 Abs. 3 SGB VIII). Eine solche individuelle Förderung kann nicht auf Rezeptwissen und »Schema F« zurückgreifen, sondern erfordert von den pädagogischen Fachkräften eine stetig fragende und forschende Haltung, um die Lebenssituationen, Fähigkeiten, Interessen und Bedürfnisse der Kinder zu erkunden und ihr Handeln daran zu orientieren.

Der Erziehungs-, Bildungs- und Betreuungsauftrag der Kindertagesstätten kann nur durch Kommunikation und Interaktion wahrgenommen werden: Verlässliche und vertrauensvolle Beziehungen zu den Kindern sind zugleich Voraussetzung und Ziel pädagogischer Arbeit. Dies gilt ebenso für die Zusammenarbeit mit den Eltern. Hier sind die pädagogischen Fachkräfte allerdings nicht selten mit unterschiedlichen Interessenlagen und auch Spannungen konfrontiert, die wiederum eine Reflexion der eigenen Einstellungen, Gefühle und Werte notwendig machen. Hier kann die Fachberatung ebenfalls entsprechende Reflexionsprozesse anregen und gestalten.

Angemessene Beratung darf dabei nicht als ein Top-down-Prozess missverstanden werden, es geht hier nicht um ein Meister-Lehrling-Verhältnis. Beratung sollte vielmehr die Selbstständigkeit der Beratenen unterstützen. Sie setzt auf Eigenbeteiligung und macht lediglich Deutungs-, Erklärungs- und Handlungsangebote, die angenommen, abgelehnt oder modifiziert werden können. Fachberatung begreift die zu Beratenden als gleichberechtigte DialogpartnerInnen und kann sie dadurch in Reflexions-, Entwicklungs- und Orientierungsprozessen adäquat unterstützen.

Zusammengefasst wird Fachberatung von Trägern, Leitung und Kita-Teams im Sinne einer konsequenten Qualitätsentwicklung gebraucht als

- »Blick von außen«, FörderIn der Selbstreflexion
- ImpulsgeberIn für fachlich notwendige Veränderungen
- BegleiterIn für Qualitäts-, Personal- und Organisationsentwicklungsprozesse; Coaching
- ModeratorIn bei Konflikten
- MittlerIn für aktuelle wissenschaftliche Erkenntnisse und fachliche Entwicklungen
- MittlerIn und UnterstützerIn bei der Implementierung neuer fachpolitischer oder rechtlicher Anforderungen
- Sprachrohr der Praxis gegenüber Politik und Wissenschaft

Empfehlungen für die Ausgestaltung der Fachberatung

Damit Fachberatung die ihr zugewiesene Schlüsselrolle bei der Qualitätsentwicklung in der Kindertagesbetreuung erfüllen kann, müssen die Rahmenbedingungen stimmen und die Entwicklung der Fachberatung zu einer eigenständigen Profession vorangetrieben werden. Neben der rechtlichen Absicherung auf Bundes- und Landesebene gehört hierzu zum Beispiel auch die Definition eines Berufs- und (Kern-)Aufgabenprofils und von Qualifikationsvoraussetzungen.

Die abschließenden Kurzempfehlungen geben Hinweise, in welche Richtung und durch welche Maßnahmen die Rahmenbedingungen verändert werden müssten, um Fachberatung zu einem effektiven Steuerungs- und Unterstützungsinstrument für die Qualitätsentwicklung und -sicherung der pädagogischen Arbeit der Kindertagesbetreuung werden zu lassen:

1. Die rechtliche Absicherung der qualitativen und quantitativen Ausgestaltung von Fachberatung: Fachberatung für Kindertageseinrichtungen sollte als Pflichtleistung im SGB VIII verankert werden.

2. Berufsprofil und Aufgaben von Fachberatung: Die Aufgaben von Fachberatung sollten auf die Qualitätsentwicklung und -sicherung der pädagogischen Arbeit in den Kindertageseinrichtungen und Kindertagespflegestellen fokussiert werden. Dazu gehören die unmittelbare fachliche Beratung von Einrichtungsträgern, Leitungskräften und pädagogisch Tätigen ebenso wie der Transfer zwischen Wissenschaft und Fachpraxis sowie zwischen Fachpraxis und Politik.

3. Die bedarfsgerechte personelle Ausstattung mit Fachberatung: Eine mit voller Stundenzahl tätige Fachberatungskraft sollte grundsätzlich für nicht mehr als 20 Einrichtungen zuständig sein. Gehören auch Fach- und Dienstaufsicht zu den Aufgaben der jeweiligen Fachberatung, müssen, um ausreichend Zeit für die pädagogische Beratung zu gewährleisten, zusätzliche Stellenanteile bereitgestellt werden. Gleichzeitig sind Arbeitszeitanteile für die eigene Fort- und Weiterbildung der FachberaterInnen und andere »mittelbare« Arbeitstätigkeiten (z. B. Eigenstudium, eigene Vernetzung, Mitwirkung an fachpolitischen Gremien, Aktualisierung von Arbeitsmaterialien, Dokumentationen ...) einzubeziehen. Um eine Gleichwertigkeit von Kindertageseinrichtungen und Kindertagespflege auch in qualitativer Hinsicht sicherzustellen, ist eine Relation von einer vollen Stelle Fachberatung pro 40 Kindertagespflegeverhältnissen erforderlich.

4. Die Wahrnehmung von Fachberatung durch die Praxis: In den Regelungen für die Personalausstattung in Kindertageseinrichtungen sind ausreichende Zeitanteile für die Wahrnehmung von Fachberatung und Fortbildung zu berücksichtigen.

5. Qualifikationsprofil und Aufgaben von Fachberatung: Ein einschlägiges Hochschulstudium und eine (mehrjährige) Berufspraxis in Leitungsfunktionen oder im Bereich der Erziehung, Bildung und Betreuung von Kindern sollten als Eingangsvoraussetzung für die Tätigkeit als FachberaterIn gelten.

6. Die Fort- und Weiterbildungssituation von Fachberatung: Es braucht ein zwischen öffentlichen Trägern, den Trägerverbänden der freien Wohlfahrtspflege, den Ländern, dem Bund und den für die Ausbildung zuständigen Hochschulen abgestimmtes Qualifizierungskonzept für Fachberatung. Jede Fachberaterin bzw. jeder Fachberater sollte arbeitsvertraglich zur Wahrnehmung von Fort- und Weiterbildung verpflichtet werden.

7. Systematische und kontinuierliche Qualitätsentwicklung für die Arbeit von Fachberatung: Eine kontinuierliche Professionalisierung von Fachberatung benötigt fachlich fundierte Qualitätskriterien und darauf basierende Selbstevaluations-Instrumente, die sich nach den Aufgabenfeldern von Fachberatung gliedern. In einem Fachdiskurs zwischen FachberaterInnen mit allen im System der Kindertagesbetreuung verantwortlichen Akteursgruppen sollte unter Einbeziehung der Wissenschaft ein Qualitätsentwicklungs- und Evaluationskonzept für Fachberatung erarbeitet werden. Der Bund sollte im Nachgang zur »Nationalen Qualitätsinitiative im System der Tageseinrichtungen für Kinder« ein entsprechendes Forschungsvorhaben initiieren, das auch die Fachberatung für die Kindertagespflege einbezieht. Mit den Anstellungsträgern von FachberaterInnen sollten die für die Finanzierung von Fachberatung zuständigen Stellen Vereinbarungen treffen, die eine kontinuierliche Selbstevaluation der Fachberatung sicherstellen.

8. Die Erhebung von Daten zur Fachberatung durch die Kinder und Jugendhilfestatistik: Es wird empfohlen, in den jährlichen Abfragen der statistischen Landesämter und des statistischen Bundesamtes mindestens folgende Grunddaten zu erheben:

- Verfügbarkeit von Fachberatung beim Träger einer Kindertageseinrichtung; Zuständigkeit einer Vollzeitstelle für wie viele Einrichtungen
- Verfügbarkeit von Fachberatung für Kindertagespflege; Zuständigkeit einer Vollzeitstelle für wie viele Kindertagespflegeverhältnisse
- Qualifikationsanforderungen an Fachberatungskräfte

Literatur

Asmussen, J. (2010): Im Spannungsfeld zwischen Anspruch und Wirklichkeit. In: M. Hense (Hrsg.): Fachberatungen für Kindertageseinrichtungen. Erfolgschancen erhöhen. Göttingen: Vandenhoeck & Ruprecht, S. 135–156.

Deutscher Verein für öffentliche und private Fürsorge e.V. (2012): Empfehlungen des Deutschen Vereins zur konzeptionellen und strukturellen Ausgestaltung des Fachberatung im System der Kindertagesbetreuung. www.deutscher-verein.de/de/empfehlungen-stellungnahmen-2012-empfehlungen-des-deutschen-vereins-zur-konzeptionellen-und-strukturellen-ausgestaltung-der-fachberatung-im-system-der-kindertagesbetreuung-sb1sb-1528,308,1000.html (letzter Zugriff: 11.10.2017).

Herrenbrück, S.; Kägi, S.; Karsten, M.E. & Müller, J. (2011): Fachberatung – zwischen Etablierung und Veränderungsdruck. Ein ungeregeltes Berufsbild auf der Suche nach Profil. Theorie und Praxis der Sozialpädagogik (TPS), Heft 4, 4–7.

Irskens, B. (1992): Fachberatung – ein Berufsfeld oder eine Sackgasse? In: Deutscher Verein für öffentliche und private Fürsorge e.V. (Hrsg.): Fachberatung zwischen Beratung und Politik. Eine kritische Bestandsaufnahme. Materialien für die sozialpädagogische Praxis (MSP) Nr. 23. Frankfurt/M., S. 9–16.

Jansen, Frank (2011): Standpunkt: Wir brauchen einen Richtungswechsel. Welt des Kindes, Heft 4, 25.

Kirchmeyer, W. (2011): »Sie müssen uns zwei Schritte voraus sein«. Theorie und Praxis der Sozialpädagogik (TPS), Heft 4, 26–29.

Leygraf, J. (2013): Fachberatung in Deutschland. Eine bundesweite Befragung von Fachberaterinnen und Fachberatern für Kindertageseinrichtungen. Zehn Fragen – Zehn Antworten. Deutsches Jugendinstitut e.V. (Hrsg.). Eine Studie der Weiterbildungsinitiative Frühpädagogische Fachkräfte (WiFF). München.

Münch, M.T. (2010): Standortbestimmung und Neuorientierung. In: M. Hens (Hrsg.): Fachberatungen für Kindertageseinrichtungen. Erfolgschancen erhöhen. Göttingen: Vandenhoeck & Ruprecht, S. 43–57.

Münch, M.T. (2011): Ein Blick zurück nach vorn. Geschichte eines »unbestimmten Anlernberufs«. Theorie und Praxis der Sozialpädagogik (TPS), Heft 4, 12–14.

Preissing, Ch.; Berry, G.& Gerszonowicz, E. (2015): Fachberatung im System der Kindertagesbetreuung. In: S. Viernickel et al. (Hrsg.): Qualität für alle. Wissenschaftlich begründete Standards für die Kindertagesbetreuung. Freiburg: Herder, S. 253–315.

Sell, S. (2011): Eingeklemmt herausgefordert. Wie kann und wird sich Fachberatung in den nächsten Jahren weiterentwickeln? Theorie und Praxis der Sozialpädagogik (TPS), Heft 4, 8–11.

Unverbindlichkeit als Prinzip
Zur rechtlichen Verankerung der Fachberatung auf Landes- und Bundesebene

Elke Alsago | André Dupuis | Claudia Hruska als Vertreterinnen und Vertreter der AG Fachberatung der Bundesarbeitsgemeinschaft »Bildung und Erziehung in der Kindheit e. V.«

Die pädagogische Fachberatung nimmt bei der Qualitätsentwicklung und -sicherung im System der Kindertagesbetreuung einen hohen Stellenwert ein (Deutscher Verein für öffentliche und private Fürsorge 2012; Preissing, Berry & Gerszonowicz 2015; Der Paritätische 2016; Hruska 2017). Um die Prozesse in der frühkindlichen Bildung, Betreuung und Erziehung wirkungsvoll und nachhaltig zu unterstützen und allen Mädchen und Jungen, Müttern und Vätern sowie den pädagogischen Fachkräften die gleichen Bedingungen zu ermöglichen (BMFSFJ/JFMK 2014), sind grundlegende Regelungen und die gleichen (genügenden) personellen und finanziellen Mittel für die Ausgestaltung eines qualitätsentwickelnden Unterstützungssystems notwendig. Hierzu gehören aus Sicht der AG Fachberatung der Bundesarbeitsgemeinschaft »Bildung und Erziehung in der Kindheit e. V.« (BAG-BEK) eine entsprechende bundesgesetzliche Verankerung sowie entsprechende Regelungen in den einzelnen Bundesländern.

Die rechtliche Verankerung des Tätigkeitsfelds der Fachberatung ist jedoch seit Jahrzehnten als unverbindlich zu bezeichnen. Fachberatung ist damit abhängig von den Ressourcen und dem Unterstützungssystem, die durch den jeweiligen freien Träger und/oder den öffentlichen Jugendhilfeträger zur Verfügung gestellt werden.

Auch im Rahmen der jährlich erhobenen Daten der Kinder- und Jugendhilfestatistik wird die Versorgung mit Fachberatung nicht erfragt. Daher bleibt dieses Tätigkeitsfeld, das immer wieder als Schlüsselposition des Systems der Kindertagesbetreuung bezeichnet wird, eine undefinierte Grauzone.

Rechtliche Verankerung auf Bundesebene

Die bundesgesetzlichen Aussagen zur Fachberatung für Kindertageseinrichtungen finden sich im Sozialgesetzbuch VIII (KJHG). Hier werden die Träger der öffentlichen Jugendhilfe durch § 72 Abs. 3 verpflichtet, den MitarbeiterInnen der öffentlichen und freien Jugendhilfe Praxisberatung[1] zur Verfügung zu stellen.

> **§ 72 SGB VIII Mitarbeiter, Fortbildung**
> (3) Die Träger der öffentlichen Jugendhilfe haben Fortbildung und Praxisberatung der Mitarbeiter des Jugendamts und des Landesjugendamts sicherzustellen.
>
> **§ 74 SGB VIII Förderung der freien Jugendhilfe**
> (5) Bei der Förderung gleichartiger Maßnahmen mehrerer Träger sind unter Berücksichtigung ihrer Eigenleistungen gleiche Grundsätze und Maßstäbe anzulegen. Werden gleichartige Maßnahmen von der freien und der öffentlichen Jugendhilfe durchgeführt, so sind bei der Förderung die Grundsätze und Maßstäbe anzuwenden, die für die Finanzierung der Maßnahmen der öffentlichen Jugendhilfe gelten.

Die Paragrafen 79 und 82 Abs. 2 des SGB VIII regeln dabei die Zuständigkeit des örtlichen Jugendhilfeträgers und des Landes, um die geeigneten Mittel bereitzustellen. Bereits im Achten Jugendbericht (1990) wurde Fachberatung als unerlässlich angesehen (BT. Drucks. 11/6576, S. 99–101). Für die Arbeit in Kindertageseinrichtungen werden hier die Strukturmaximen »Prävention, Dezentralisierung/ Regionalisierung, Alltagsorientierung, Situationsbezogenheit, Ganzheitlichkeit, Integration, Partizipation und Lebensweltorientierung« (BT. Drucks. 11/6576, S. 4) zugrunde gelegt, was zugleich die Defizite der Arbeit in den Tageseinrichtungen für Kinder deutlich macht. Um diese Maximen realisieren zu können, sieht der Jugendbericht die Notwendigkeit eines Unterstützungssystems, beruhend auf Beratung und Fortbildung, vor. Nur so kann eine »reflexive Praxis« (ebd., S. 100) entwickelt werden, die Kinder nicht aussondert und die Differenzen (Gender, Körper) respektiert. Benötigt werden MitarbeiterInnen, die sich durch »Selbstbewusstsein und professionelle Kompetenz« auszeichnen und in der Lage sind, mit den Eltern partnerschaftlich zusammenzuarbeiten (ebd., S. 100f.; vgl. auch Alsago 2018). Bislang sind diese bereits 1990 festgestellten pädagogischen Notwendigkeiten nicht systematisch realisiert worden; die Beratung, Fortbildung und weitere

---

[1] Der Begriff Praxisberatung wird in der Regel mit dem der Fachberatung synonym verwendet. Je nach Geschichte der Region und / oder des Trägers haben sich unterschiedliche Begrifflichkeiten durchgesetzt.

Unterstützung der Kindertageseinrichtungen und ihrer MitarbeiterInnen ist immer noch abhängig von den Einschätzungen und den finanziellen Ressourcen der jeweiligen Länder und Träger.

Gleiche Lebensbedingungen für Kinder durch ein Kita-Bundesqualitätsgesetz

Um der Beliebigkeit im Hinblick auf die Qualität von Kindertageseinrichtungen entgegenzuwirken, gaben der Bundesverband der Arbeitswohlfahrt, der Verband katholischer Tageseinrichtungen für Kinder (KTK) und die Gewerkschaft Erziehung und Wissenschaft (GEW) durch ihre Initiative den Anstoß für ein Kita-Bundesqualitätsgesetz. Die drei Verbände führten ab dem Jahr 2012 eine Reihe von Workshops auf Bundesebene mit Fachleuten aus der Politik, von Trägerorganisationen und der Wissenschaft durch. Hier wurde diskutiert, was in einem solchen – möglichst im Rahmen des SGB VIII zu formulierenden – Gesetz auf Bundesebene enthalten sein soll. Forderungen sind zum Beispiel die bundeseinheitliche Regelung der Fachkraft-Kind-Relation, der mittelbaren pädagogischen Arbeit, der Leitungszeit sowie der Fachberatung unter einer finanziellen Beteiligung des Bundes. Intensive Gespräche mit den im Bundestag vertretenen Parteien sowie mit dem zuständigen Bundesministerium für Familie, Senioren, Frauen und Jugend (BMFSFJ) führten dazu, dass das Bundesministerium mit den Bundesländern einen intensiven Austausch über die Entwicklung eines Kita-Bundesqualitätsgesetzes führte und eine Reihe der Forderungen aufnahm.

In einem Zehn-Punkte-Programm wurden die Eckpfeiler eines entsprechenden »Bundesqualitätsentwicklungsgesetzes« vorgestellt. Jedoch stockte diese Entwicklung im Jahr 2014 aufgrund des Widerstands der Länder, die höhere Kosten auf Landes- und Kommunenebene befürchteten. Nach Aussagen der GEW (Hocke 2016) kämen allein auf den Bund »zusätzliche Ausgaben von neun Milliarden Euro jährlich« zu. Statistische Erhebungen aus dem Jahr 2014 weisen ein großes Ungleichgewicht in den Ausgaben für Kindertagesbetreuung der einzelnen Bundesländer aus. So finanzierte die öffentliche Hand zum Beispiel in »Mecklenburg-Vorpommern ... einen Kita-Platz mit knapp 3.900 Euro, Berlin gab im gleichen Zeitraum dagegen etwa 9.400 Euro aus« (ebd.). Dies spiegelt sich unter anderem in den starken Unterschieden der Fachkraft-Kind-Relation zwischen den Bundesländern wider. Selbst Träger, die bundeslandübergreifend arbeiten, haben somit innerhalb ihrer Organisation immense Unterschiede zu verzeichnen, sodass gleichberechtigte Bedingungen für die Kinder und deren Familien nicht gewährleistet werden können.

In einem Rechtsgutachten für ein Kita-Bundesqualitätsgesetz formuliert Wieland (2016, S. 6f.), dass »(d)as Bundeskitaqualitätsgesetz ... auch zur Herstellung gleichwertiger Lebensverhältnisse im Bundesgebiet ... sowie der Wahrung der Rechts- und Wirtschaftseinheit« dienen sollte. In diesem Rechtsgutachten bleibt jedoch die Fachberatung unerwähnt.

Statt ein Kita-Bundesqualitätsgesetz zu verabschieden, wurde 2014 eine Arbeitsgruppe »Frühe Bildung« von Bund und Ländern mit Beteiligung der kommunalen Spitzenverbände eingerichtet, die eine Qualitätsentwicklung gemeinsam vorantreiben sollte, und parallel dazu wurden durch das Bundesministerium Expertisen in Auftrag gegeben. In dem im November 2016 den Ministerkonferenzen für Jugend und Familie (JFMK) und Kultus (KMK) vorgelegten Zwischenbericht der Bund-Länder-Konferenz »Frühe Bildung weiterentwickeln und finanziell sichern« wird die Bedeutung der Fachberatung und des Unterstützungssystems an vielen Stellen hervorgehoben. So zum Beispiel in den Handlungsfeldern »Qualifizierung der Fachkräfte« (Kap. 4), »Stärkung der Leitung« (Kap. 5), »Qualitätsentwicklung und -sicherung in der Kindertagespflege« (Kap. 8) sowie »Steuerung im System« (Kap. 9). Die Expertise von Preissing, Berry und Gerszonowicz sowie die Stellungnahmen der Verbände stützen und betonen ebenfalls die Einschätzung der enormen Bedeutung der Fachberatung für das Feld der Kindertagesbetreuung. Obwohl die Kommission »Frühe Bildung« die Fachberatung durchgängig in ihrer Bedeutung sowie ihren Möglichkeiten und Chancen darstellt und den Anspruch erhebt, die Rahmenbedingungen für Fachberatung zu verbessern, wird dieser Punkt hier lediglich als Querschnittsthema und nicht als eigenes Handlungsfeld aufgeführt. Dies mag der Funktion der Fachberatung als unterstützendem System innerhalb der Kinder- und Jugendhilfe entsprechen, wird ihrer zunehmenden Bedeutung innerhalb des Feldes jedoch nicht gerecht.

Die Ausdifferenzierung der Landschaft der Kindertageseinrichtungen und Kindertagespflege erfordert neben dem sachgerechten Ausbau auch den Aufbau eines von hoher Qualität geprägten Bildungs-, Betreuungs- und Erziehungssystems unter Begleitung und Unterstützung durch Fachberatung, um die aktuellen und zukünftigen Anforderungen an das Feld maßgeblich von einer Metaebene heraus zu unterstützen. Hierbei sind vielfältige Aufgaben der Fachberatung zu nennen (AG Fachberatung der BAG-BEK, Alsago, Dupuis & Hruska 2017):

• Praxisbegleitende, prozessorientierte und kontinuierliche Qualitätsentwicklung
• Beratung von Trägern und Diskussion anstehender Handlungsbedarfe bezogen auf die einzelnen Einrichtungen und die Region (Jugendhilfeplanung)
• Realisierung und Verstetigung der Bildungspläne und -programme in den Einrichtungsteams

- Zeitnahe strukturelle und konzeptionelle Anpassungen der Kindertageseinrichtungen an gesellschaftliche Entwicklungen (z.B. Zuzug von Familien mit Migrationshintergrund)
- Ausbau von Ganztageseinrichtungen für alle Altersgruppen
- Realisierung von Inklusion
- Zusammenarbeit mit Grundschulen
- Orientierung an den spezifischen Bedarfen des Sozialraumes
- Vernetzung zwischen Einrichtungen der Jugendhilfe und sozialen Arbeit, der Kommunen und den spezifischen Fachkräften
- Realisierung der SGB VIII-Reform und ihrer Ansprüche an die Kindertageseinrichtungen
- Inhaltliche Begleitung und Unterstützung der Einrichtungsteams in Zeiten des Fachkräftemangels, der Ausbildung von Hilfskräften und des Generationenwechsels
- Gesunderhaltende Maßnahmen und altersgerechte Arbeitsgestaltung
- Unterstützung bei spezifischen Aufgaben, wie der Realisierung der UN-Kinderrechtskonvention und der alltagsintegrierten Sprachbegleitung
- Begleitung bei der Weiterentwicklung der Partizipation von Kindern, Eltern und MitarbeiterInnen
- Unterstützung der Zusammenarbeit zwischen Kindertageseinrichtungen und Ausbildungsinstitutionen
- Transfer wissenschaftlicher Erkenntnisse in die Praxis sowie Praxis-Wissenschafts-Transfer

In der JFMK-Konferenz im Mai 2017 wurde das Hauptaugenmerk auf die Fachkräftegewinnung, die Gebührenfreiheit, starke Kita-Leitungen und auf eine sich weiterentwickelnde Kindertagespflege gelegt (vgl. JFMK 2017). Dabei sollen die unterschiedlichen Stärken und Entwicklungsbedarfe der Länder Berücksichtigung finden. Vorgesehen ist, dass jedes Land aus den im Bericht dargestellten Handlungsfeldern Maßnahmen entwickeln kann, die mit Bundesmitteln finanziert werden sollen. Um eine Verbindlichkeit zu gewährleisten, will der Bund mit jedem Bundesland individuelle Zielvereinbarungen schließen. Die Bundesmittel müssen zusätzlich eingesetzt werden und dürfen Landesmittel nicht ersetzen. Um die Vereinbarungen und den Einsatz der Mittel nachhaltig zu gestalten, sind Berichtspflichten der Länder und ein qualifiziertes Monitoring vorgesehen.

Ob dadurch die bestehenden (strukturellen) Unterschiede zwischen den Ländern kurz- bzw. mittelfristig angeglichen und die Chancengerechtigkeit für

Mädchen und Jungen abhängig von der Region, in der sie aufwachsen, hergestellt werden können, bleibt abzuwarten. Dies gilt auch für die Fachberatung und die damit verbundene prozessorientierte Personalentwicklung in den Kindereinrichtungen – Aspekte, die in den Ausführungen nicht wirklich fokussiert werden. Spitzen-, Wohlfahrts- und Fachverbände fordern daher weiterhin, die Fachberatung für Kindertageseinrichtungen gesetzlich zu verankern und in dem angestrebten Prozess stärker zu berücksichtigen.

Rechtliche Verankerungen und Verordnungen der Länder

In einer ersten Übersicht der Arbeitsgruppe Fachberatung der BAG-BEK wurden die rechtlichen Vorschriften der Länder in Bezug auf Aussagen zur frühpädagogischen Fachberatung analysiert. Dieser erste Analyseschritt bezog die verfügbaren Landesgesetze und rechtlichen Verordnungen aufseiten der zuständigen Ministerien sowie landesspezifische Internetportale zum frühpädagogischen Betreuungssystem ein. Auf der Grundlage dieser Daten wurde systematisch ein Kategoriensystem entwickelt, das in einem dritten Schritt mit fachspezifischen VertreterInnen der jeweiligen Bundesländer diskutiert wurde. Hieraus ergaben sich weitere und aktualisierte Hinweise sowie Informationen über die neuesten Entwicklungen und Diskussionslinien der einzelnen Bundesländer. Die folgende Darstellung liefert einen Zwischenstand der Analyse:

Insgesamt zeigt sich ein ausgesprochen heterogenes Bild an Vorschriften und gesetzlichen Verankerungen, die das Tätigkeitsfeld der Fachberatung, die strukturellen Rahmenbedingungen sowie die erforderlichen Qualifikationen betreffen. Hervorzuheben ist an dieser Stelle der Freistaat Sachsen, der zum einen die Qualifikationsanforderungen in § 4 mit Bezug auf § 1 SächsGVB (Sächsische Staatskanzlei 2010/2017) festschreibt. Zum anderen werden das Tätigkeitsfeld der Fachberatung definiert und darüber hinaus seit 1998 regelmäßige Befragungen von FachberaterInnen durchgeführt, um unter anderem die Aufgabenbereiche und Arbeitsbedingungen zu erfassen (siehe Staatsministerium für Soziales und Verbraucherschutz 2008/2016).

Die äußerst heterogenen strukturellen Gegebenheiten bedingen jedoch, dass die bisher formulierten Empfehlungen zur Relation von Fachberatung zu Einrichtungen mit 1:20 (Preissing, Berry & Gerszonowicz 2015, S. 257) von den vorzufindenden durchschnittlich 46 Einrichtungen je vollzeitäquivalenter Stelle deutlich abweichen. Dies zeigt, dass trotz weitreichender und differenzierter rechtlicher Rahmung (in diesem Bundesland) die praktische Ausgestaltung große Spielräume lässt, die eine inhaltliche Ausgestaltung der fachberatenden Tätigkeit in vielen Fällen erschwert und zum Teil unmöglich macht (siehe auch Leygraf 2013, S. 34). Die Forderung für die Qualifizierung von Fachberatung ist in der Sächsischen Verordnung klar auf eine hochschulische fachspezifische Ausbildung ausgerichtet, die eine langjährige Berufserfahrung im Feld einschließt.

Als weiteres Beispiel kann das Land Schleswig-Holstein herangezogen werden, das sich durch den Erlass »Förderung von pädagogischer Fachberatung 2014« an der Finanzierung der Fachberatung unter definierten Voraussetzungen beteiligt. Diese sehen unter anderem den Ausschluss der personellen Koppelung von Beratung und Dienstaufsicht vor (ABl. SH 32/2014, S. 581).

In anderen Bundesländern wie Hamburg oder Sachsen-Anhalt lassen sich hingegen keine Hinweise auf fachberatende Tätigkeiten in der Kindertagesbetreuung eruieren. In Baden-Württemberg hat die GEW-BAWÜ in diesem Jahr einen Vorschlag zur fachberatenden Tätigkeit unterbreitet.

In der Analyse wurden darüber hinaus Daten zu spezifischen (Weiter-)Qualifikationskonzepten erhoben. In manchen Bundesländern wie dem Freistaat Sachsen, in Schleswig-Holstein, Niedersachsen und Mecklenburg-Vorpommern werden aktuell modularisierte Qualifikationen angeboten oder erprobt. Im Land Brandenburg[2] ist die (Wieder-)Entwicklung eines solchen Formats aktuell in Planung. Hier zeigt sich jedoch eine große Diversität in der inhaltlichen Ausrichtung und im Angebotsrahmen (Sachsen: Landesjugendamt; Schleswig-Holstein: Hochschule Kiel; Mecklenburg-Vorpommern: Weiterbildungsinstitut).

Aus den wenigen Punkten, die hier skizziert werden, wird bereits deutlich, dass Fachberatung einen sehr unterschiedlichen Stellenwert im System der Kindertagesbetreuung der einzelnen Länder einnimmt. Hier gilt es, Verbindlichkeit und verlässliche rechtliche Rahmung herzustellen.

Zusammenfassung

Im Zwischenbericht des Bundesfamilienministeriums und der JFMK (2016) sind bereits Ziele für eine bundesweite Rahmung formuliert, die jedoch eher vage fordern, dass das Fachberatungssystem in Deutschland verstetigt und bedarfsgerecht in den einzelnen Ländern erweitert werden sollte (ebd., S. 31). Die Jugend- und Familienministerkonferenz (JFMK) hat in entsprechenden Eckpunkten für

---

2 Hierzu erfolgte auf Nachfrage bei dem zuständigen Referat für Kindertagesbetreuung des Landes Brandenburg (Korrespondenz Hruska am 27.02.2017), dass eine aktuelle »Weiterentwicklung des Praxisunterstützungssystems« in Arbeit sei.

ein Qualitätsentwicklungsgesetz im Mai 2017 den Beschluss gefasst, dass Bund und Länder gemeinsam die Qualität in der Kindertagesbetreuung verbessern wollen. Die Realisierung kann erst nach den Wahlen im September 2017 angegangen werden und ist abhängig von den Prioritäten der neuen Regierung. Ob und in welchem Maße die Fachberatung Teil der Verpflichtungen der jeweiligen Bundesländer wird, bleibt abzuwarten.

Die AG Fachberatung der BAG-BEK plädiert dafür, die Bedeutung der Fachberatung für die wirksame und nachhaltige Qualitätsentwicklung in Kindertageseinrichtungen und -tagespflegestellen in diesem Prozess der Gesetzesentwicklung herauszustellen. Nur durch die Betonung der Bedeutung der Fachberatung als Qualitätsentwicklungsmotor dieses Arbeitsfeldes kann den Entscheidungsträgern in den Ländern und bei den kommunalen und freien Trägern verständlich werden, dass sie die Verantwortung dafür tragen, ein konsistentes Fachberatungssystem zu entwickeln und aufzubauen, das den aktuellen Anforderungen und den zukünftigen Herausforderungen gerecht wird.

Auch nach der avisierten Einführung eines Qualitätsentwicklungsgesetzes, das für die Länder viel Gestaltungsfreiheit vorsieht, ist es notwendig, die Forderung nach einer rechtlichen Verankerung der Fachberatung und nach größerer Verbindlichkeit aufrechtzuerhalten.

Daher schließt sich die AG Fachberatung den Empfehlungen der Expertise »Fachberatung im System der Kindertagesbetreuung« (Preissing, Berry & Gerszonowicz 2015) an und erweitert diese noch in einigen Punkten (AG Fachberatung der BAG-BEK, vertreten durch Alsago, Dupuis & Hruska 2017):

1. **Rechtliche Absicherung von Fachberatung:** Rechtsanspruch der Fachpraxis und der Träger auf Fachberatung im SGB VIII verankern und die Finanzierung von Fachberatung auf Länderebene verbindlich regeln.

2. **Berufsprofil und Aufgabenbeschreibung von Fachberatung:** Prozessorientierte, systematische und kontinuierliche Qualitätsentwicklung als Kernaufgabe von Fachberatung beschreiben und realisieren.

3. **Bedarfsgerechte personelle Ausstattung mit Fachberatung:** Eine angemessene und bedarfsorientierte personelle Ausstattung für die Fachberatungsaufgaben unter Berücksichtigung der Trägervielfalt und der regionalen und kommunalen Gegebenheiten.

4. Wahrnehmung von Fachberatung durch die Praxis: Er█████████ der Wahrnehmung von Fachberatung durch ausreichende Stundenkontingente der pädagogischen Fachkräfte; Gewährleistung der Inanspruchnahme für alle Kindertageseinrichtungen/-tagespflegestellen und Träger.

5. Qualifikationsprofil, Aufgaben und Vergütung der Fachberatung: Ein einschlägiges praxisorientiertes Hochschulstudium und mehrjährige Berufspraxis im Arbeitsfeld Kindertagesbetreuung als Voraussetzungen für dieses Tätigkeitsfeld; Mindestanforderungen der Vergütung für die anspruchsvollen Aufgabenbereiche festschreiben.

6. Fort- und Weiterbildungssituation von Fachberatung: Kontinuierliche und spezifische Fort- und Weiterbildung sowie trägerunabhängige Supervision und Vernetzung der Fachberatung auf Länder- und Verbandsebene, Reflexion und Weiterentwicklung des Angebotes auf Ebene der Länder; Verpflichtung der FachberaterInnen zur Wahrnehmung von Fortbildung.

7. Systematische und kontinuierliche Qualitätsentwicklung für die Arbeit von Fachberatung: Entwicklung von Qualitätskriterien und Selbstevaluationsmöglichkeiten in einem bundesweiten Fachdiskurs und deren verbindliche Realisierung in den Ländern.

8. Erhebung von Daten zur Fachberatung durch die Kinder- und Jugendhilfestatistik: Langzeitbeobachtung zur Entwicklung des Feldes und seines Fachberatungssystems ermöglichen.

Literatur

ABl. SH 32/2014 (2014): Förderung von pädagogischer Fachberatung in Kindertageseinrichtungen. Gl. Nr. 666222. Erlass des Ministeriums für Soziales, Gesundheit, Familie und Gleichstellung Schleswig-Holstein vom 21.Juli 2014–VIII 343. www.schleswig-holstein.de/DE/Fachinhalte/K/kindertageseinrichtungen/downloads/download_erlass_foerderung_fachberatung.pdf (letzter Zugriff: 26.07.2017).

Alsago, E.; Dupuis, A. & Hruska, C. (2017): Stellungnahme der Bundesarbeitsgemeinschaft Bildung und Erziehung in der Kindheit/AG Fachberatung zum Zwischenbericht »Frühe Bildung weiterentwickeln und finanziell sichern« der Bund-Länder AG »Frühe Bildung«, Argumentation zur Einbindung der Fachberatung als 10. Handlungsfeld. AG Fachberatung der Bundesarbeitsgemeinschaft Bildung und Erziehung in der Kindheit. Hamburg.

Alsago, E. (2018): Geschichte und (Selbst-)Konstruktion von Fachberatung. In Vorbereitung.

BMFSFJ & JFMK (2014): Communiqué Frühe Bildung weiterentwickeln und finanziell sichern. www.fruehe-chancen.de/fileadmin/PDF/Archiv/Communique-bund-laender-konferenz.pdf (letzter Zugriff: 20.02.2017).

BMFSFJ & JFMK (2016): Frühe Bildung weiterentwickeln und finanziell sichern: Zwischenbericht. Bund und Länder und Erklärung der Bund-Länder-Konferenz. www.bmfsfj.de/blob/114052/076b2053be5

13c4c9384a419b73faac0/fruehe-bildung-weiterentwickeln-und-finanziell-sichern-zwischenbericht-2016-von-bund-und-laendern-data.pdf (letzter Zugriff: 20.02.2017).

BT. Drucks. 11/6576 (1990): Achter Jugendbericht. Bericht über die Bestrebungen und Leistungen der Jugendhilfe. Unter Mitarbeit von Die Bundesministerin für Jugend, Familie, Frauen und Gesundheit. Hrsg. von Deutscher Bundestag. Bonn. http://dipbt.bundestag.de/doc/btd/11/065/1106576.pdf (letzter Zugriff 04.12.2017).

Der Paritätische (2016): Fachberatung in Kindertageseinrichtungen. Rahmenbedingungen und Anforderungen. www.paritaet-berlin.de/fileadmin/user_upload/Bilder/Publikationen/2016_02_01_PAR_Kindertageseinrichtungen_Positionspapier_Faltblatt_2016-01_SCREEN.pdf (letzter Zugriff: 20.06.2017).

Deutscher Verein für öffentliche und private Fürsorge e.V. (2012): Empfehlungen des Deutschen Vereins zur konzeptionellen und strukturellen Ausgestaltung der Fachberatung im System der Kindertagesbetreuung. www.deutscher-verein.de/de/empfehlungen-stellungnahmen-2012-empfehlungen-des-deutschen-vereins-zur-konzeptionellen-und-strukturellen-ausgestaltung-der-fachberatung-im-system-der-kindertagesbetreuung-sb1sb-1528,308,1000.html (letzter Zugriff: 10.02.2016).

Hocke, N. (2016): Warten auf ein Kita-Bundesqualitätsgesetz. www.gew.de/aktuelles/detailseite/neuigkeiten/warten-auf-ein-kita-bundesqualitaetsgesetz/ (letzter Zugriff: 15.06.2016).

Hruska, C. (2017): Ein Spektrum an vielfältigen Aufgaben. Interviewstudie zur Fachberatung in Sachsen. klein & groß, 1, 56–59.

Hruska, C.; Alsago, E.; Korte-Rüther, M.; Dupuis, A.; Pentenrieder-Giermann, E.; Beitzel, P. & Schubert-Suffrian, F. (im Prozess): Stand der rechtlichen Regelungen und Verordnungen der einzelnen Bundesländer in Bezug auf frühpädagogische Fachberatung. BAG-BEK-Arbeitsgruppe Fachberatung (internes Arbeitspapier).

JFMK (2017): Frühe Bildung weiterentwickeln und finanziell sichern – Eckpunkte für ein Qualitätsentwicklungsgesetz. www.jfmk.de/pub2017/TOP_7.1_Fruehe_Bildung_Eckpunkte-QE-Gesetz.pdf (letzter Zugriff: 22.06.2017).

Leygraf, J. (2013): Fachberatung in Deutschland. Eine bundesweite Befragung von Fachberaterinnen und Fachberatern für Kindertageseinrichtungen: Zehn Fragen – Zehn Antworten. Eine Studie der Weiterbildungsinitiative Frühpädagogische Fachkräfte (WiFF). München: Deutsches Jugendinstitut. www.weiterbildungsinitiative.de/uploads/media/Studie_Leygraf_Fachberatung_web.pdf (letzter Zugriff: 15.02.2016).

Preissing, Ch.; Berry, G. & Gerszonowicz, E. (2015): Fachberatung im System der Kindertagesbetreuung. In: S. Viernickel, K. Fuchs-Rechlin, P. Strehmel, Ch. Preissing, J. Bensel & G. Haug-Schnabel (Hrsg.): Qualität für alle. Wissenschaftlich begründete Standards für die Kindertagesbetreuung. Freiburg: Herder, S. 253–316.

Sächsische Staatskanzlei (2010/2017): Sächsische Qualifikations- und Fortbildungsverordnung pädagogischer Fachkräfte (SächsGVBl). www.revosax.sachsen.de/vorschrift/11517-Saechsische-Qualifikations-und-Fortbildungsverordnung-paedagogischer-Fachkraefte#p4 (letzter Zugriff: 21.06.2017).

Staatsministerium für Soziales und Verbraucherschutz (2008): Evaluierung der Personalausstattung in Kindertageseinrichtungen sowie Struktur und Angebote der Fachberatung für Kindertageseinrichtungen und Kindertagespflege in Sachsen (vorgelegt von PädQUIS gGmbH & Steria Mummert Consulting: Dresden).

Staatsministerium für Soziales und Verbraucherschutz (2016): Aktuelle Situation der Fachberatung für Kindertageseinrichtungen und Kindertagespflege in Sachsen 2014/15. www.familie.sachsen.de/download/Verwaltung/lja_Fachberatung_Kitas_2014_2015.pdf (letzter Zugriff: 04.12.2017).

Wieland, J. (2016): Rechtsgutachten »Ein Bundesqualitätsgesetz – verfassungsrechtlicher Rahmen«. Bundespressekonferenz am 20. Januar 2016 in Berlin. www.gew.de/aktuelles/detailseite/neuigkeiten/warten-auf-ein-kita-bundesqualitaetsgesetz/ (letzter Zugriff: 10.06.2017).

Zwischen Aufbruch, Rückschritt und Stagnation
Entwicklung von Fachberatung und berufspolitische Einordnung

Elke Alsago | Maria-Eleonora Karsten

Die Entwicklung von Fachberatung lässt sich nur regional und trägerspezifisch betrachten. Am folgenden Beispiel einer kommunalen Fachberatung in Niedersachsen in einer ländlichen Region können zum einen die regional spezifischen, zum anderen aber auch allgemeine Entwicklungslinien nachgezeichnet werden, die die westdeutsche Fachberatungslandschaft spiegeln. Für die Geschichte der Fachberatung in der ehemaligen DDR bräuchte es neuerarbeitete Grundlagen, die bislang nicht vorliegen.

Über das Unterstützungssystem der Kindergärten vor 1970 ist wenig bekannt. Einzelne Träger haben anlässlich von Jubiläen die Geschichte ihrer Verbände erarbeitet, haben ZeitzeugInnen befragt und Dokumente gesichtet. Diese sind bislang nicht systematisch erfasst und ausgewertet. Es lässt sich jedoch nachzeichnen, dass die Verbände der freien Träger (z.B. Diakonie Taunus, Verband evangelischer Kindertageseinrichtungen Schleswig-Holstein), sobald sie für mehrere Kindertageseinrichtungen zuständig waren, Unterstützung für die MitarbeiterInnen der Kindergärten angeboten haben. Üblich waren zunächst Rundbriefe und Schriften, die an die Einrichtungen versandt wurden, später dann auch Fortbildungen und Besuche in den Einrichtungen. (vgl. Haug-Zapp 2005; Hoffmann 1989; Klauke 1992; Potten 2009).

Ausbildungsstätten von freien Trägern und Diakonissenmutterhäuser organisierten Arbeitskreise, Jahreskonferenzen, Besuche in den Einrichtungen, Beratung und auch Fortbildungen. Hier waren es Lehrkräfte und Diakonissen, die diese Aufgabe übernahmen (vgl. Haug-Zapp 2005).

In den 1970er Jahren gab es bundesweit Bemühungen, die Bildung, Erziehung und Betreuung von damals sogenannten Vorschulkindern auszubauen und weiterzuentwickeln. Wirtschaftliches Wachstum und eine in der Gesellschaft breit geführte Bildungsdiskussion waren die Ursache. Überregional wurde der Deutsche Verein mit dem Sozialpädagogischen Fortbildungswerk ab 1974 in diesem Feld aktiv, und das Deutsche Jugendinstitut (DJI) baute eine Abteilung Vorschulerziehung auf. (vgl. Karsten & Rabe-Kleberg 1976; Deutscher Bildungsrat 1971; Dollase 1978).

Entstehung und Etablierung

In den strukturarmen, ländlichen Regionen Niedersachsens existierte zu Beginn der 1970er Jahre kaum institutionelle Kinderbetreuung. Und das Land stellte keine Mittel für einen Ausbau zur Verfügung. Der Erlass einer Richtlinie ermöglichte es jedoch – als Interimslösung mit dem Ziel der Umwandlung in Kindergärten (vgl. Nds. MBl. Nr. 22/1972, S. 835) –, Spielkreise zu eröffnen. Die Mädchen und Jungen wurden drei bis vier Stunden an einigen Wochentagen von (meist) ehrenamtlichen Müttern betreut. Die Betreuerinnen in den Spielkreisen benötigten laut Richtlinie einen »Befähigungsnachweis«, regelmäßige Betreuung und Beratung durch »eine sozialpädagogische Fachkraft (Sozialpädagoge/Jugendleiterin oder durch eine erfahrene staatlich anerkannte Erzieherin/Kindergärtnerin) der freien oder öffentlichen Jugendhilfe« (ebd.). Zu diesem Zweck stellte der Landkreis eine Kindergärtnerin an, die allgemein als »Kreiskindergärtnerin« bezeichnet wurde. Sie übernahm die Schulung und Anleitung, nahm Prüfungen ab und beriet die Träger bei der Einrichtung neuer Spielkreise (Alsago 2018).

Obwohl als Interimslösung gedacht, entstehen so in den ländlichen Regionen Niedersachsens eine Vielzahl von Spielkreisen, und es werden weitere Kreiskindergärtnerinnen eingestellt. In den größeren Kommunen und Städten werden zunehmend Kindergärten sowohl durch die freien als auch die kommunalen Träger eingerichtet. In durch Bund und Länder geförderten Modellprojekten werden unterschiedliche Formen von Beratung und Unterstützung ausprobiert (vgl. Hense 2008). Zeitgleich und nebeneinander entstehen und etablieren sich regional unterschiedlich Unterstützungssysteme für die sich entwickelnde Kindergartenlandschaft (Alsago 2018).

Die Fachdiskussion widmet sich erstmalig zu Beginn der 1980er Jahre der Unterstützung der Kindergärten, und die Bundesarbeitsgemeinschaft der Landesjugendämter (BAGLJAE) hebt die Bedeutung der Beratung und Fortbildung für die MitarbeiterInnen der Kinder- und Jugendfürsorge hervor (vgl. BAGLJAE 1980). Auch der Fünfte Jugendbericht plädiert für eine Weiterentwicklung und Reform der Tageseinrichtungen und ihres Fortbildungs- und Beratungssystems und übt Kritik an dem entstandenen, unüberschaubaren System (vgl. Colberg-Schrader 1981).

Konsolidierung und Stagnation

Die nächste Phase der Entwicklung von Fachberatung lässt sich mit Konsolidierung und Stagnation überschreiben. Die Haushaltkrise der 1980er Jahre, der

Regierungswechsel im Bund und die massiven Einschnitte innerhalb der Sozial-politik führen zu einer Konsolidierung bzw. zum Teil zu einem Rückbau der un-terschiedlichen Kinderbetreuungs- und Unterstützungssysteme. Die begonnene Reform der 1970er Jahre kommt in einigen Regionen und Bundesländern zum Stillstand. Das Unterstützungssystem wird deutlich zurückgenommen, und Fachberatungsstellen werden gestrichen. Fachpolitisch wird Kritik geäußert (vgl. Dittrich 1982; Harttung & Unger 1988).

Nur in Nordrhein-Westfalen wird für die Modellprojekte und aufgrund der dort gemachten Erfahrungen eine Richtlinie zur Förderung der Fachberatung verabschiedet (vgl. NRW Mbl. 38/1983). In allen anderen Bundesländern gibt es diesbezüglich keine Regelungen. Die Arbeitsgemeinschaft für Jugendhilfe (AGJ) greift diese Situation auf und veröffentlicht zum ersten Mal ein bundesweites Pa-pier, in dem sie die Relevanz von Fachberatung deutlich macht und Standards benennt (vgl. Harttung & Unger 1988).

In Niedersachsen wird ebenfalls im Bereich der Kindertagesbetreuung ge-spart. Dies bewirkt einen weiteren Ausbau und die Etablierung der Interimslö-sung Spielkreise (vgl. Härdrich 1994). Die Kreiskindergärtnerinnen betreuen bei gleichbleibender personeller Ausstattung eine zunehmende Zahl von Spielkrei-sen. Fachlich begleitet werden die Kreiskindergärtnerinnen durch Mitarbeiterin-nen des Landesjugendamtes. Auch hier nimmt die Intensität der Begleitung Mitte der 1980er Jahre deutlich ab. Dies bedeutet für die Kreiskindergärtnerinnen, dass sie auf sich allein gestellt sind und wenig fachliche Anregungen erhalten. Die Ent-wicklung spiegelt sich auch in den Fortbildungsausschreibungen der Landkreise wider, die zum Teil über zehn Jahre zeitversetzt pädagogische Innovationen – zum Beispiel den Situationsansatz als Nachfolge des Situationstheoretischen An-satzes (Zimmer 1973) – aufgreifen.

Zu beobachten ist in den ländlichen Regionen Niedersachsens auch, dass bis zum Jahr 1990 keine Weiterentwicklung stattfindet, sondern sich der »Status quo« sogar durch den Zuwachs an Einrichtungen und Personal verschlechtert (Alsago 2018).

Fachberatung im Aufbruch

In den 1990er Jahren verändert sich dann die Situation grundlegend. Der Fall der innerdeutschen Mauer, die Einführung des Kinder- und Jugendhilfegesetzes (später SGB VIII), welches das Jugendwohlfahrtsgesetz ablöst, und der Achte Ju-gendbericht (BT. Drucks. 11/6576) sind Impulse für einen Entwicklungsprozess.

Die Träger der öffentlichen Jugendhilfe sind erstmalig verpflichtet, den MitarbeiterInnen der öffentlichen und freien Jugendhilfe Praxisberatung (§ 72 Abs. 3 in Verbindung mit § 74 Abs. 5 & 6 KJHG) zur Verfügung zu stellen. Fachlich kommt es zu einem Paradigmenwechsel: Dem neuen Gesetz liegt die Lebensweltorientierung, die durch die Strukturmaximen Prävention, Dezentralisierung/Regionalisierung, Alltagsorientierung, Situationsbezogenheit, Ganzheitlichkeit, Integration und Partizipation gekennzeichnet ist, zugrunde (vgl. BT. Drucks. 11/6576).

In Niedersachsen wird nach jahrzehntelanger Diskussion im Jahr 1992 das Gesetz über Tageseinrichtungen für Kinder in Niedersachsen (KiTaG) verabschiedet. Niedersachsen ist damit das letzte Bundesland, das sich ein Kindertagesstättengesetz gibt (Rheinland-Pfalz: 1970, Nordrhein-Westfalen: 1971, Baden-Württemberg: 1972, Bayern: 1972, Hessen: 1974, Bremen: 1979, Schleswig-Holstein: 1991) (vgl. Härdrich 1994).

Das niedersächsische Gesetz nimmt in § 11 Abs. 1 die Verpflichtung zur Beratung der Kindertageseinrichtungen auf. Dies führt dazu, dass in einigen Jugendämtern der ländlichen Regionen Niedersachsens eine »Umbenennung« der Kreiskindergärtnerinnen erfolgt, die ab 1993 als Fachberaterinnen eingesetzt werden. Sie sind damit neben der Betreuung und Fortbildung der Spielkreismitarbeiterinnen auch für die Kindergärten in der Region zuständig. Die Fortbildungsveranstaltungen werden für die MitarbeiterInnen der Kindergärten geöffnet.

Durch den Anspruch auf einen Kindergartenplatz ab dem dritten Lebensjahr zum 1. Januar 1996 beginnt der Ausbau der Kindergärten. In den finanzschwachen Regionen Niedersachsens wird erneut auf die Spielkreise gesetzt (vgl. Klügel, David & Berger 1994). So erfolgt weiterhin der Ausbau von Spielkreisen und Kindergärten parallel, und die Fachberaterinnen sind für beide Einrichtungsformen, für ausgebildete Fachkräfte und Laienkräfte zuständig (Alsago 2018).

Bundesweit erfolgt während dieser Zeit des Ausbaus eine Auseinandersetzung mit der Rolle der Fachberatung. Die Verbände veröffentlichen Stellungnahmen (KTK: 1993, DRK: 1994, Beta: 1994, AWO: 1996) (vgl. Heck 1997), die der Reflexion (KTK), der Diskussion (Beta) und der Standortbestimmung (DRK) dienen sollen. Die Beratungsprinzipien »Offenheit, Freiwilligkeit, Verständnis und Akzeptanz« (ebd.), die Professionalisierung des Berufsfeldes sowie die als erforderlich betrachtete Trennung von Beratung und Aufsicht werden diskutiert (ebd.).

Eine ähnliche Diskussion zeigt sich auch in den Ländern. Gerade in den neuen Bundesländern wird die gemeinsame Wahrnehmung von Aufsicht und Beratung ausgeschlossen (ebd.). Der Deutsche Verein für öffentliche und private Fürsorge veranstaltet Studientagungen und Kongresse (vgl. von Devivere & Irskens) und bringt Fachpraxis, TrägervertreterInnen und WissenschaftlerInnen in einen regen Austausch.

Bereits zu Beginn der 1990er Jahre gehören zu den zentralen Diskussionsthemen Aufsicht und Beratung, Bedarfe der Kindertageseinrichtungen, Trägerphilosophien, Bedingungsfaktoren sowie das Selbstverständnis der Fachberatung (vgl. Engler 1992). Auf dem Kongress im Jahr 1995 werden erstmalig und auch heute noch aktuell folgende Forderungen aufgestellt:

»1. Aufnahme der Fachberatung in die Landesausführungsgesetze zum KJHG und Absicherung ihrer Finanzierung.

2. Aufnahme von Fachberatung in die Eingruppierungspläne der Tarifverträge.

3. Bildung trägerübergreifender Landesarbeitsgemeinschaften für FachberaterInnen z.B. als Koordinierungsaufgabe eines überörtlichen Fortbildungsinstituts bzw. des Landesjugendamtes.

4. Innerverbandliche Effektivitätsprüfung von Fachberatung bezüglich regionaler Zuständigkeit und Aufgabenabgrenzung.

5. ›Informationsdienst für Fachberatung‹, z.B. als Beilage in vorhandenen Fachzeitschriften.

6. Forschungsauftrag zur Bedeutung und Wirksamkeit von Fachberatung durch das zuständige Bundesministerium.

7. Aufnahme des Aufgabenfeldes von Fachberatung in die universitäre bzw. Fachhochschulausbildung (Projektstudium).

8. Spezifische Fort- und Weiterbildungsangebote zur Qualitätssicherung von Fachberatung.

9. Regelmäßige bundesweite trägerübergreifende Veranstaltungen, z.B. ein weiterer Kongress [sic!] in 5 Jahren« (von Devivere & Irskens 1996, S. 7).

Im Kontext des Kongresses wird folgende Definition formuliert: »Fachberatung ist eine personenbezogene, strukturentwickelnde soziale Dienstleistung (bzw. Vermittlungs- und Verknüpfungsdienstleistung) im Rahmen der Jugendhilfe. Sie wirkt qualitätssichernd und -entwickelnd im Feld der Erziehungsarbeit und der Lebensgestaltung von Kindern« (Karsten 1996; BAGLJAE 2003c). Gleichzeitig betont diese Formulierung auch die Notwendigkeit zur Selbstdefinition durch die FachberaterInnen und ihre Bedeutung für den Professionalisierungsprozess (vgl. Karsten 1996).

Parallel bieten der Deutsche Verein für öffentliche und private Fürsorge (vgl. Heck 1997) und die »Multiplikatoren-Fortbildung Tageseinrichtungen für Kinder (MFT)« (neue Bundesländer) Langzeitfortbildungen für die FachberaterInnen an (vgl. BT. Drucks. 13/11368). Die Fortbildungen des Deutschen Vereins werden auch von einigen der ehemaligen Kreiskindergärtnerinnen wahrgenommen. Hier wird der (sozial-)pädagogische Paradigmenwechsel vom Anleiten und Unterweisen zum Beraten und Fortbilden deutlich. Arbeitsformen wie Psychodrama oder Supervision werden eingesetzt, um alte Handlungsmuster zu reflektieren und Beratung zu lernen, die auf Freiwilligkeit und offenen Prozessen basiert (vgl. Deutscher Verein 1992).

Einen ähnlichen Anspruch erheben auch die Fortbildungen in den neuen Bundesländern. Hier galt es, von einer Führungsrolle in eine BegleiterInnen- und BeraterInnenrolle zu kommen (vgl. Seitz 1997).

In allen Bundesländern entstehen zwischen 1993 bis 1997 Arbeitshilfen und Papiere, die sich jedoch überwiegend mit den zu erwartenden Tätigkeiten und persönlichen Voraussetzungen der Fachberatung befassen (vgl. Heck 1997). Insgesamt kommt es in der ersten Hälfte der 1990er Jahre durch die gesetzlichen Regelungen zu einem Diskurs über Aufgaben, Profil und Qualifizierung der Fachberatung. Eine Annäherung der zuvor entstandenen Systeme beginnt (Alsago 2018).

Die »neue Steuerung« in der Jugendhilfe

Ab Mitte der 1990er Jahre beginnt eine Entwicklung rund um das Denk- und Handlungsmodell der »Neuen Steuerung«, die den begonnenen Prozess zur Professionalisierung der Fachberatung verändert.

Wirtschaftliche Stagnation, steigende Arbeitslosigkeit, gestiegene Kosten in der Kinder- und Jugendhilfe (u.a. durch den Rechtsanspruch auf einen Kindergartenplatz) sind Nährboden für eine Diskussion um Effizienz und Effektivität der Arbeit in den Kindertageseinrichtungen. Niedersachsen stellt so zum Beispiel seine Investitionsförderung ein (Nds. LT-Drucks. 14/554) und erlässt ein Haushaltsbegleitgesetz, das die Standards des Kita-Gesetzes aufhebt (Nds. LT-Drucks. 14/350). Durch ein Volksbegehren werden die Maßnahmen später rückgängig gemacht (vgl. Niedersächsischer Städtetag 2002).

Auch die Wohlfahrtsverbände reagieren auf den finanziellen Druck und den Ruf nach Steuerung bei gleichzeitiger Dienstleistungsorientierung und beginnen mit der Entwicklung von Qualitätssicherungs- und Qualitätsmanagementverfahren für die Kindertageseinrichtungen (vgl. Buckley & Boeßenecker 2006).

Das im Jahr 1999 aufgenommene Projekt »Nationale Qualitätsinitiative im System der Tageseinrichtungen für Kinder« (BMFSJ) bedenkt in keinem der fünf Einzelprojekte den Beitrag der FachberaterInnen zur Qualitätsentwicklung mit.

Die FachberaterInnen bekommen lediglich den Status von MultiplikatorInnen oder EvaluatorInnen der in den Projekten entwickelten Instrumente zugewiesen.

In der Dokumentation des Fachberatungskongress im Jahr 2000 in Erfurt (vgl. Irskens & Engler 2005) spiegelt sich diese neue (Selbst-)Wahrnehmung der Fachberatung und der FachberaterInnen. Durchaus kritisch wird diese Veränderung des Tätigkeitsfeldes diskutiert und die Entwicklung des Unterstützungssystems als Markt betrachtet. Doch kommt es nicht zu gemeinsamen Einschätzungen und einer erneuten Positionierung. Der nach der Einführung des KJHG und der Kita-Gesetze begonnene Diskurs endet mit dem »Abschied von der Fachberatung alten Zuschnitts« (von Devivere, Irskens & Vogt 2000, S. 282) bei gleichzeitiger Überlegung, sich nicht mehr innerhalb der Fachberatung zu treffen, sondern themenbezogen mit allen AkteurInnen im Feld zu diskutieren (vgl. ebd.). Die Verständigung innerhalb der Fachberatung hat damit keine Bühne mehr (Alsago 2018).

Aufgabenzuwachs ohne pädagogische Vision

Ab dem Jahr 2000 zeigen sich mehrere Entwicklungen, die sich direkt auf die Arbeit der FachberaterInnen auswirken. Zum einen handelt es sich dabei um den durch die Reformdiskussion der Bund-Länder-Kommission und die Ergebnisse der PISA-Studie 2001 ausgelösten Bildungsdiskurs, zum anderen um die Diskurse im Hinblick auf die Vereinbarung von Familie und Beruf und das Lebenslange Lernen (vgl. Kommission der Europäischen Gemeinschaften 2000).

Eine Vielzahl von Bundes- und Landesprogrammen ist die Folge. Auf Bundesebene sind dies zum Beispiel die Weiterführung der Nationalen Qualitätsinitative (NQI) und das Projekt »Bildungs- und Lerngeschichten« des Deutschen Jugendinstituts (DJI), im Land Niedersachsen etwa das Pilotprojekt Sprachförderung in Grundschulen, die Richtlinie zur Sprachförderung in Kindertageseinrichtungen, die Wissenschaftliche Begleitung der Sprachförderung (2002), das Projekt »Kindergarten bildet« (MK), die Konsultationskindertagesstätten (ab 2003) oder das »Brückenjahr«. FachberaterInnen bekommen auch hier eine MultiplikatorInnen-Rolle für ausgearbeitete Programme zugewiesen.

Dasselbe gilt auch für die zwischen 2003 und 2007 erstmals bundesweit erarbeiteten Bildungspläne für die Kindertageseinrichtungen. Ein konstruktivistisches bzw. ko-konstruktivistisches Verständnis vom Lernen der Mädchen und Jungen steht im Vordergrund der Bildungspläne der ersten Generation (vgl. Mienert & Vorholz 2007). Wie es dagegen zu diesem pädagogischen Paradigmenwechsel bei den Fachkräften kommen soll, wird selten thematisiert. Die Bedeutung der Fachberatung für diesen Prozess findet sich ausführlich nur im sächsischen Bildungsplan; angesprochen wird dieses Thema in Mecklenburg-Vorpommern, Schleswig-Holstein, Sachsen und Niedersachsen, ohne jedoch dafür Ressourcen zur Verfügung zu stellen.

Für Niedersachsen lässt sich jedoch zeigen, dass die kommunalen FachberaterInnen mit allen Projekten, die Bund und Land auflegen, beschäftigt sind. Dies gilt für die Realisierung des Orientierungsplanes, die landesweiten Sprachförderprogramme (Osnabrücker Materialien, KonLab), Projekte zwischen Grundschulen und Kindertageseinrichtungen (Brückenjahr), Transferprojekte (*nifbe* 2008 bis 2012) und regional angelegte Projekte (z. B. Landfrauen & Landvolk, Wettbewerbe, Industrie und Handelskammer, Haus der kleinen Forscher). Es gibt so eine Art »Bildungsaktionismus«, der sowohl FachberaterInnen als auch die MitarbeiterInnen in den Kindertageseinrichtungen anregen soll.

Zeitgleich wird der Ausbau der Kindertagesbetreuung vorangetrieben. Tagesbetreuungsausbaugesetz (TAG 2005) und Kinderförderungsgesetz (KiföG 2008 bzw. Familien mit Zukunft 2007) befördern den Platzausbau in Kita und Kindertagespflege. Diese Aufgaben werden vielfach den kommunalen FachberaterInnen übertragen, oft auch verbunden mit größeren Einflussmöglichkeiten, zum Beispiel durch die Beteiligung an der Jugendhilfeplanung im Jugendhilfeausschuss oder in Arbeitsgemeinschaften (§ 78 SGB VIII).

Das System der Kindertagesbetreuung entwickelt sich mithilfe der FachberaterInnen weiter, ohne dass das Unterstützungssystem systematisch mitgedacht wird. So bleiben Weiterentwicklungen in dieser Hinsicht partiell und eher bei den großen freien Trägern angesiedelt.

Die Bundesarbeitsgemeinschaft der Landesjugendämter (BAGLJAE) macht immer wieder auf die Bedeutung der Fachberatung aufmerksam, fordert ihre Profilierung, fordert Grundsätze, Qualifizierung, Ausgestaltung, ohne sich jedoch selbst festzulegen (vgl. BAGLJAE 2000a; 2000b; 2003a; 2003b; 2003c; 2005; 2006; 2009). Die Fachberatung dagegen wirkt in dieser Zeit wie unsichtbar. Die FachberaterInnen sind reaktiv mit den vielfältigen, widersprüchlichen Aufgaben beschäftigt und erfüllen den Dienstleistungsanspruch, der an sie gestellt wird, ohne sich auf ein gemeinsames Verständnis ihrer Arbeit als BeraterInnen zu verständigen – trotz einiger bundesweiter Versuche (Alsago 2018). Die wenigen Ansätze, wie die Definitionen der Deutschen Gesellschaft für Supervision (DGSv), werden nicht verbreitet (vgl. Deutsche Gesellschaft für Supervision e. V. 2012).

Spezialisierung und Kontrolle

In den letzten Jahren lässt sich zunehmend eine Veränderung der Landschaft der Kindertagesbetreuung beobachten, die auch die Fachberatung und damit die Aufgaben der FachberaterInnen verändert. Der quantitative Ausbau der Plätze und die damit verbundene größere Zahl an MitarbeiterInnen überfordern die alten Systeme. Kleine Träger beginnen sich zu Kita-Verbünden zusammenzuschließen. Wo früher Ehrenamtliche die Aufsichtsfunktion übernahmen (z. B. KirchenvorsteherInnen, Kreisvorsitzende) werden nun pädagogische LeiterInnen eingesetzt. Nicht selten kommt es so zu einer Umwidmung der Fachberatungsstellen in Leitungsstellen. Dies zeigt sich auch in den Ergebnissen einer bundesweiten Befragung (Leygraf 2013), die eine Zunahme von Dienst- und Fachaufsicht durch FachberaterInnen belegen. Gleiches gilt für die Steuerung durch Qualitätsmanagementsysteme. Auch hier werden vermehrt FachberaterInnen mit der Abnahme von Audits und mit »Monitoring« betraut (vgl. Leygraf 2013; Ehrhardt et al. 2014).

Auch bei den großen Verbänden verschieben sich die Aufgaben der FachberaterInnen. Waren bis circa zum Jahr 2005 in Westdeutschland die Zuständigkeiten nach Bezirken verteilt – ein/e FachberaterIn betreut eine bestimmte Zahl von Kindertageseinrichtungen in einem regionalen Bezirk –, setzt sich zunehmend eine themenspezifische Verteilung durch. FachberaterInnen sind nun zum Beispiel vorrangig für Religionspädagogik oder für Kinder unter drei Jahren zuständig. Die verbindliche, kontinuierliche Kommunikation zwischen MitarbeiterInnen und FachberaterInnen wird aufgehoben zugunsten einer Spezialisierung auf bestimmte Themen.

So gibt es für die Einrichtungen zum einen die Instanz im Träger- und Unterstützungssystem, die kontrolliert und Dienst- und Fachaufsicht ausübt, und zum anderen die beim übergeordneten Wohlfahrtsverband angesiedelte Fachberatung mit einem Dienstleistungsverständnis, die zu bestimmten Fragestellungen kontaktiert werden kann. Kontinuierliche Begleitung der pädagogischen Fachkräfte und Kita-Leitungen durch Fachberatung scheint es immer weniger zu geben. An ihre Stelle treten »Managen« und »Kontrollieren« der Qualität in den Kindertageseinrichtungen. Dass diese Qualität eines immer wieder gemeinsam gestalteten Erarbeitungsprozesses bedarf, der professionell begleitet werden muss, scheint vergessen.

Das Lernen von Fachkräften und die dazu notwendige Begleitung

Werden die aktuellen Herausforderungen an Fachberatungen zusammengefasst, dann zeigt sich einmal mehr: Es geht um neu lernen im Lebenslangen Lernen für die

FachberaterInnen selbst, aber auch für die Träger, die pädagogischen Fachkräfte, die Administration und Politik. Aktuelle Herausforderungen sind derzeit – unter anderem – die Ganztagsentwicklungs- und Inklusionsaufgaben für alle, neue Formen kollegialer Zusammenarbeit bei zunehmendem Fachkräftemangel, die alltags- und lebensumspannende Digitalisierung mit der Folge von grundlegenden Veränderungen im Zeit- und Lebensraumverständnis sowie ein ebenso verändertes Familien-, Bildungs- und Sozialraumverständnis.

Hinzu kommt ein grundlegender Generationenwechsel in fast allen Einrichtungen und den sozialen Administrationen bis hinein in die regionale und die Politik auf Bundesebene. Diese Herausforderungen benötigen eine Lernbegleitung in allen Bereichen des Systems der Kindertagesbetreuung, die parallel zum Kita-Alltag geschehen muss.

Die Fachberatung erhält damit sukzessive eine Lehrenden-Funktion in personenbezogenen, sozialen Dienstleistungen, mit wachsender Bedeutung und Verbreitung. Daher ist es notwendig, die Definitionen aus den 1990er Jahren wieder aufzunehmen und gerade die fachlichen Kompetenzen in den Fokus zu rücken. Da nahezu keine empirischen Ergebnisse zu den Kompetenzen, sondern vorrangig zu den Handlungsanforderungen vorliegen, kann dies nur über forschendes Lernen gelingen. Dabei kann das an diesen Fachberatungsprozessen ausgerichtete Handeln, Denken und Reflektieren unterschieden werden nach:

- vorrangig interaktiv-alltagsgestaltend
- vorrangig planend-administrativ
- vorrangig sozialmanagement-innovativ, -evaluativ, -kurativ-korrigierend oder erhaltend-versichernd
- vorrangig lehrend, grundständig, fort- oder weiterbildend

Das dazugehörige Wissen, die Kompetenzen und mehrfachen Theorie-Praxis-Bezüge sowie die zu entwickelnden Forschungsfragen sind aus dem jeweiligen praktischen Kontext heraus und auf diesen bezogen zu erarbeiten. Sie sind fach- und bildungspolitisch öffentlichkeitswirksam zu vertreten und durchzusetzen – von der Profession und den Professionsangehörigen selbst, denn hier sind diese Forschungsfragen und das fachliche Erfahrungswissen schon langjährig vorhanden. Das Aufgabenspektrum der FachberaterInnen beinhaltet

- weder die Arbeit der pädagogischen KollegInnen oder der TrägervertreterInnen vor Ort
- noch die Arbeit von Bildungs-, Kinder-, Jugendhilfe-, Familien- oder Sozialraumpolitik

- oder die Arbeit von Rechtsausgestaltung und ökonomischer Ressourcenbereitstellung,
- auch nicht die direkte Beratung, Interaktion, Begleitung oder Unterstützung von Mädchen und Jungen, ihrer Mütter und Väter,

um nur einige Beispiele zu nennen.

Denn: Die FachberaterInnen üben keine dieser Tätigkeiten selbst aus, aber all ihr Handeln, Denken, Konzipieren, Reflektieren, Forschen wird in der Perspektive auf dieses Handeln der anderen in deren jeweiligen Praxen realisiert (vgl. Karsten 2011).

Literatur

Alsago, E. (2018): Geschichte und (Selbst-)Konstruktion von Fachberatung: In Vorbereitung.

BAGLJAE (1980): Grundsätze für die dienstliche Fortbildung von Fachkräften in der Jugendhilfe. Hrsg. v. Bundesarbeitsgemeinschaft der Landesjugendämter. Köln. www.bagljae.de/downloads/012_dienstl.-fortbildung-von-fachkraeften_1980.pdf (letzter Zugriff: 25.07.2016).

BAGLJAE (2000a): Hinweise zu den Steuerungsmöglichkeiten durch Leistungs-, Entgelt- und Qualitätsentwicklungsvereinbarungen unter Berücksichtigung von individuellen Hilfeplänen, Jugendhilfeplanung, Qualitätsstandards und finanzielle Rahmenbedingungen. Hrsg. v. Bundesarbeitsgemeinschaft der Landesjugendämter. Köln. www.bagljae.de/downloads/080_steuerung-durch-leistungs--entgeldt--quali.pdf (letzter Zugriff: 29.07.2016).

BAGLJAE (2000b): Qualität in Kindertageseinrichtungen – beschlossen in der 88. Arbeitstagung vom 03. bis 05.05.2000 in Halle/ Saale. Hrsg. v. Bundesarbeitsgemeinschaft der Landesjugendämter. Köln. www.bagljae.de/downloads/078_qualitaet-kindertageseinrichtungen_2000.pdf (letzter Zugriff: 29.07.2016).

BAGLJAE (2003a): Bildungsverständnis in der Jugendarbeit. Fachbeitrag des Fachausschusses 2 »Jugendarbeit« der BAGLJÄ zur aktuellen Diskussion. Hrsg. v. Bundesarbeitsgemeinschaft der Landesjugendämter. Köln. www.bagljae.de/downloads/087_bildungsverstaendnis-jugendarbeit_2003.pdf (letzter Zugriff: 29.07.2016).

BAGLJAE (2003b): Betreuung, Bildung und Erziehung als Auftrag von Tageseinrichtungen für Kinder. Hrsg. v. Bundesarbeitsgemeinschaft der Landesjugendämter. Köln. www.bagljae.de/downloads/090_auftrag-tageseinrichtungen_2003.pdf (letzter Zugriff: 29.07.2016).

BAGLJAE (2003c): Empfehlungen zur Fachberatung – beschlossen in der 95. Arbeitstagung vom 24. bis 26.11.2003 in Flehingen/Baden. Hrsg. v. Bundesarbeitsgemeinschaft der Landesjugendämter. Köln. www.bagljae.de/Stellungnahmen/091_Fachberatung_2003.pdf (letzter Zugriff: 10.11.2015).

BAGLJAE (2005): Das Fachkräftegebot des Kinder- und Jugendhilfegesetzes. München. www.bagljae.de/downloads/094_fachkraeftegebot_2005.pdf (letzter Zugriff: 29.07.2016).

BAGLJAE (2006): Kooperation und Vernetzung von Kindertageseinrichtungen im Sozialraum. Hrsg. v. Bundesarbeitsgemeinschaft der Landesjugendämter. München. www.bagljae.de/downloads/101_kooperation-und-vernetzung-kitas-im-sozial.pdf (letzter Zugriff: 29.07.2016).

BAGLJAE (2009): Fachliche Empfehlungen zur Qualität der Bildung, Erziehung und Betreuung der unter Dreijährigen in Kindertageseinrichtungen und Kindertagespflege. München. www.bagljae.de/downloads/107_qualitaet-der-bildung-erziehung-betreuung-.pdf (letzter Zugriff: 29.07.2016).

BT.Drucks. 11/6576 (1990): Achter Jugendbericht. Bericht über die Bestrebungen und Leistungen der Jugendhilfe. Unter Mitarbeit von Die Bundesministerin für Jugend, Familie, Frauen und Gesundheit.

Hg. v. Deutscher Bundestag. Bonn. Online verfügbar unter http://dipbt.bundestag.de/doc/btd/11/065/
1106576.pdf. (letzter Zugriff: 03.12.2017).

Buckley, A. & Boeßenecker, K.-H. (2006): Qualitätsentwicklung in der Sozialen Arbeit. – Projektbericht.
Fachhochschule Düsseldorf; Fachhochschule im Deutschen Roten Kreuz Göttigen. Düsseldorf/Göt-
tingen (Schriftenreihe Arbeitsmaterialien, 22). Online verfügbar unter http://fhdd.opus.hbz-nrw.de/
volltexte/2007/325/pdf/AM22.pdf. (letzter Zugriff: 03.12.2017).

Colberg-Schrader, H. (1981): Fortbildung für Erzieher im Elementarbereich. In: Dietrich von Derschau
(Hrsg.): Entwicklungen im Elementarbereich. Fragen und Probleme der qualitativen, quantitativen
und rechtlichen Situation. Material zum Fünften Jugendbericht. München: DJI, S. 275–309.

Deutsche Gesellschaft für Supervision e. V. (Hrsg.) (2012): Herausforderungen in der Elementarpädagogik. Fachkräfte und Systeme der Elementarpädagogik benötigen Reflexionsräume für ihre
Stabilisierung. www.dgsv.de/wp-content/uploads/2012/07/positionspapier_elementarpaedagogik.pdf
(letzter Zugriff: 28.05.2017).

Deutscher Bildungsrat (1971): Strukturplan für des Bildungswesen. 2. Aufl. Klett: Stuttgart.

Deutscher Verein für öffentliche und private Fürsorge e. V. (Hrsg.) (1992): Empfehlungen zur Supervision. Bedeutung und Organisation. DV 46/92. Frankfurt/M.

Devivere, B. von & Irskens, B. (1996): Die Zentrale Vorbereitungsgruppe: Zur Programmatik des Kongresses. In: B. von Devivere & B. Irskens (Hrsg.): Mit uns auf Erfolgskurs. Fachberatung in Kindertagesstätten, Kongressdokumentation. Frankfurt/M.

Devivere, B. von; Irskens, B. & Vogt; H. (2000): Aufbrüche – Fachberatung gestaltet den Wandel. Nach-
richten des Deutschen Vereins (9), 275–282.

Dittrich, G. (Hrsg.) (1982): Auswirkungen des Sozialabbaus im Kindergarten- und Kindertagesstättenbereich. Dokumentation einer Arbeitstagung im Deutschen Jugendinstitut vom 7.–9. Juni 1982.
München: DJI.

Dollase, R. (1978): Definition und Struktur der Früh- und Vorschulpädagogik. In: R. Dollase (Hrsg.):
Handbuch der Früh- und Vorschulpädagogik. 1. Aufl. Düsseldorf: Schwann, S. 3–15. https://pub.uni-
bielefeld.de/download/1782585/2313902 (letzter Zugriff: 23.05.2017).

Ehrhardt, A.; May, M.; Remsperger, R.; Schmidt, M. & Weidmann, S. (2014): Abschlussbericht des
AWiFF-Projektes »Die Rolle von Fachberatung im System der Entwicklung von Qualität in der
frühen Bildung«. Hochschule RheinMain. Wiesbaden, Rüsselsheim.

Härdrich, D. (1994): Kindergartenpolitik des Landes Niedersachsen 1950–1994. Hintergründe, Erfolge,
Probleme. Münster: LIT.

Harttung, S. & Unger, D. (1988): Vorwort. In: Arbeitsgemeinschaft für Jugendhilfe (AGJ) (Hrsg.): Zur
Situation gegenwärtiger Kindergartenerziehung. Stellungnahmen und Empfehlungen der Arbeitsgemeinschaft für Jugendhilfe zu aktuellen Problemen im Kindertagesstättenbereich. Unter Mitarbeit
von Klaus Schäfer. Bonn: AGJ, S. 5–6.

Haug-Zapp, E. (2005): Von der Nothilfe der Nachkriegszeit bis zum Trägerwechsel 2003. Die Entwicklung der Fachberatung für Kindertagesstätten in Hessen und Nassau 1945 – 2002, rekonstruiert aus
den Erinnerungen der Beraterinnen. In: Diakonisches Werk in Hessen und Nassau (Hrsg.): Kinder
sind unsere Zukunft. Fachberatung Kindertagesstätten. Frankfurt/M., S. 7–23.

Heck, A. (1997): Zur Situation von Praxisberatung in der Bundesrepublik Deutschland. In: Impulse
aus Brandenburg. Abschlussbericht des Modellprojekts zur Qualifizierung von Praxisberatung im
Bereich der Kindertageseinrichtungen in Brandenburg und zur Weiterentwicklung vorschulpädago-
gischer Ansätze. INFANS. Berlin, S. 112–179.

Hense, M. (2008): Zur Wirksamkeit der Fachberatung. Eine empirische Studie. Dissertation. Fakultät
für Psychologie und Sportwissenschaft der Universität Bielefeld. http://d-nb.info/994439415/34
(letzter Zugriff: 24.03.2014).

Irskens, B. & Engler, R. (2005): Von der Hinterbühne auf die Vorderbühne. Schlüsselrolle der Fachberatung in Transfer- und Vernetzungsprozessen. In: E. Hammes-Di Bernardo & S. Hebenstreit-Müller (Hrsg.): Innovationsprojekt Frühpädagogik. Professionalität im Verbund von Praxis, Forschung, Aus- und Weiterbildung. Baltmannsweiler: Schneider Hohengehren, S. 147–154.

Karsten, M.-E. (1996): Fünf Thesen zu: Fachberatung – ein Modell der Verknüpfungsdienstleistung. In: B. von Devivere & B. Irskens (Hrsg.): »Mit uns auf Erfolgskurs«. Fachberatung in Kindertagesstätten; Kongreßdokumentation. Frankfurt am Main: Dt. Verein für Öffentliche und Private Fürsorge (Materialien für die sozialpädagogische Praxis, 26), S. 52–53.

Karsten, M.-E. (2011): Fachberatung revisited oder: »Shakespeare-Bühnen« in der Elementarpädagogik. TPS (4), 15–17.

Karsten, M.-E. (2012): Qualitätsmanagement. Vorlesung im Schloss. Osnabrück, 26.12.2012. www.nifbe. de/images/nifbe/Ko-Stelle/Karsten_Qualitaetsmanagement.pdf (letzter Zugriff: 23.05.2017).

Karsten, M.-E. & Rabe-Kleberg, U. (1977): Sozialisation im Kindergarten. 1. Aufl. Frankfurt/M.: Päd. extra.

Klauke, S. (1992): Fachberatung in der DDR. In: B. Irskens (Hrsg.): Fachberatung zwischen Beratung und Politik. Eine kritische Bestandsaufnahme. Frankfurt/M.: Deutscher Verein für Öffentliche und Private Fürsorge, S. 53–69.

Klügel, E.; David, E. & Berger, H.-J. (1994): Gesetz über Tageseinrichtungen für Kinder in Niedersachsen: Kommentar. Hannover: Deutscher Gemeindeverlag.

Kommission der Europäischen Gemeinschaften (Hrsg.) (2000): Memorandum über Lebenslanges Lernen. Arbeitsdokument der Kommissionsdienststellen. Brüssel. www.agenda-erwachsenenbildung. de/fileadmin/user_upload/agenda-erwachsenenbildung.de/PDF/2000_Kommission_Memorandum_Lebenslanges_Lernen_DE.pdf (letzter Zugriff: 23.05.2017).

Leygraf, J. (2013): Fachberatung in Deutschland. Eine bundesweite Befragung von Fachberaterinnen und Fachberatern für Kindertageseinrichtungen: Zehn Fragen – Zehn Antworten. Studie der Weiterbildungsinitiative Frühpädagogische Fachkräfte (WiFF). München: DJI. www.weiterbildungsinitiative.de/ uploads/media/Studie_Leygraf_Fachberatung_web.pdf (letzter Zugriff: 06.04.2017).

Mienert, M. & Vorholz, H. (2007): Die neuen Bildungspläne und die Rolle der Erzieherin. Neue Aufgaben erfordern ein neues Selbstverständnis. In: U. Braun & M. Mienert (Hrsg.): Frühkindliche Bildung im Team gestalten und umsetzen. Berlin: Raabe. www.mamie.de/pdf/RolleRaabe.pdf (letzter Zugriff: 21.02.2017).

Nds. LT-Drucks. 14/350 (1998): Haushaltsbegleitgesetz 1999. Gesetzentwurf SPD 18.11.1998, Wahlperiode 14.

Nds. LT-Drucks. 14/554 (1999): Streichung der Landesförderung für den Kindergartenbau. Kleine Anfrage mit Antwort 08.01.1999, 14.Wahlperiode, S. 1–3.

Nds. MBl.Nr.22/1972. Richtlinie für Kinderspielkreise. RdErl. d. MK v. 10.5.1972. Niedersächsisches Ministerialblatt (22), S. 835–836.

Niedersächsischer Städtetag (Hrsg.) (2002): Kindertageseinrichtungen im Umbruch. Betreuung, Erziehung und Bildung von Kindern. Hannover. www.nst.de/media/custom/359_38_1.pdf.

Potten, M. (Hrsg.) (2009): Mit Gott groß werden. Vom Landesverband für Evangelische Kinderpflege zum VEK – 1949 bis 2009. Rendsburg.

Seitz, Th. (1997): »Heute hab' ich was«. Der Umgang mit dem Supervisionsangebot – Ein Bericht aus der Supervisionspraxis im Rahmen des MFT-Projektes. In: I. Diller-Murschall, K. Haucke & A. Breuer (Hrsg.): Qualifizierung lohnt sich. Perspektiven der Fachberatung für Kindertageseinrichtungen. Freiburg: Lambertus, S. 121–130.

Zimmer, J. (Hrsg.) (1973): Curriculumentwicklung im Vorschulbereich. Erziehung in Wissenschaft und Praxis. Band 1 + 2. München.

Wissen, Performanz und Haltung
Kompetenzprofil der Fachberatung für Kindertageseinrichtungen

Petra Beitzel

Im Jahr 2013 wurde das Kompetenzprofil für Fachberatung (Beitzel 2014) erstellt und anschließend vom Deutschen Verein für öffentliche und private Fürsorge veröffentlicht. Das Kompetenzprofil beruht auf dem Kompetenzverständnis von Heyse und Erpenbeck (2009) und deren KompetenzAtlas und bietet die Möglichkeit, eine erste Strukturierung und Systematisierung von Fachberatungskompetenzen vorzunehmen. Es wurden Ideen zur Etablierung kompetenzstärkender Maßnahmen formuliert, die sich an VertreterInnen aus Politik und Wissenschaft genauso wie an Anstellungsträger von Fachberatung und die Fachberatung selbst richten.

Nun – ein paar Jahre später – bietet sich die Gelegenheit, innezuhalten und zu schauen, wie auf den verschiedenen Ebenen die Frage nach den notwendigen Kompetenzen von Fachberatung[3] diskutiert worden ist und welche Rückschlüsse sich daraus für weitere Entwicklungen ableiten lassen. Dazu werden exemplarische Hinweise gegeben, die aus der Perspektive einer Fachberatung für evangelische Kindertageseinrichtungen in Nordrhein-Westfalen möglich waren.

Kompetenzverständnis und KompetenzAtlas nach Heyse & Erpenbeck

Der Begriff »Kompetenz« ist geläufig und wird häufig nahezu inflationär genutzt. Gerade als Fachberatung im Bereich frühkindlicher und elementarer Bildung ist jedoch eine genaue Auseinandersetzung mit dem eigenen Bildungs- und Beratungsverständnis von zentraler Bedeutung. Im Folgenden soll es um Kompetenz im Sinne von Fähigkeit gehen. Ob sich Fähigkeiten auf rein kognitives Wissen und formale Bildungsabschlüsse beziehen (Kognitionsrichtung) oder etwas über die tatsächlichen Handlungsfähigkeiten einer Person aussagen (Performanzrichtung), wird jedoch bei der Nutzung des Kompetenzbegriffes selten deutlich.

---

3 Hier: Fachberatung für Kindertageseinrichtungen mit reiner Beratungsfunktion, d. h. ohne Fach- und Dienstaufsicht.

Schon in die Bezeichnung »Fachberatung« könnte man zwei verschiedene Kompetenzverständnisse hineininterpretieren: Entweder steht der erste Teil des Wortes für den Besitz von rein kognitivem Wissen und der zweite Teil für die beratende Handlungskompetenz. Oder beide Wortteile beinhalten ein Kompetenzverständnis im Sinne von Fach- und Beratungs-Kompetenz (Beitzel 2014). Wir beziehen uns deshalb im Folgenden auf das durch Performanz geprägte Verständnis von Heyse und Erpenbeck. Sie (2009, S. XII) definieren Kompetenzen als die individuellen Voraussetzungen, sich in konkreten Situationen an veränderte Bedingungen anzupassen, eigene Verhaltensstrategien zu ändern und erfolgreich umzusetzen. Dies bedeutet für Fachberatung, dass allein der Besitz von Fachwissen nicht ausreicht, um von Fachkompetenz sprechen zu können. Nach Beitzel (2014) zeigt erst der Umgang mit dem Wissen ihre wahre Handlungsfähigkeit. Fachberatung muss ihr Wissen stets aktualisieren und miteinander verknüpfen. Vor allem muss Wissen zielgruppenspezifisch aufgearbeitet und an Träger und Leitung weitergegeben werden, damit diese wiederum kompetent in ihren Handlungsfeldern agieren können.

Kompetenzprofil der Fachberatung nach Beitzel

Heyse und Erpenbeck (2009) haben einen Katalog an wesentlichen Kompetenzen zu einem KompetenzAtlas zusammengefasst, der insgesamt 64 Teilkompetenzen in folgende vier Kompetenzgruppen (Basiskompetenzen) unterteilt:
• Personale Kompetenz
• Aktivitäts- und Handlungskompetenz
• Sozial-kommunikative Kompetenz
• Fach- und Methodenkompetenz

Das von Beitzel (2014) erstellte Kompetenzprofil der Fachberatung greift diese Unterteilung nach Basiskompetenzen auf und macht Aussagen über Teilkompetenzen, die vorrangig für die Unterstützung von Trägern und Leitungen von Kindertageseinrichtungen und für den Umgang mit den Rahmenbedingungen des eigenen Arbeitsfeldes erforderlich sind. Durch den Vergleich von drei fachberatungsspezifischen Literaturquellen – und zwar
• einer wissenschaftlichen Quelle zur »Wirksamkeit von Fachberatung« (Hense 2008),
• einem verbandsübergreifendes Empfehlungsschreiben zur »konzeptionellen Ausgestaltung der Fachberatung im System der Kindertagesbetreuung« (Nachrichtendienst Deutscher Verein 12/2012, S. 562ff.) und

- einem trägerspezifischen Arbeitspapier zur »Fachberatung – Perspektiven eines Unterstützungssystems« (Gerlach-Keuthmann 2009)

kristallisierten sich folgende zwölf Teilkompetenzen – zugeordnet zu den vier Basiskompetenzen – für Fachberatung heraus:
- Fachwissen, Beurteilungsvermögen, fachübergreifende Kenntnisse und Organisationsfähigkeit als Fach- und Methodenkompetenzen,
- MitarbeiterInnenförderung, ganzheitliches Denken, normativ-ethische Einstellung und Selbstmanagement als personale Kompetenzen,
- Impulsgeben als Aktivitäts- und Handlungskompetenz sowie
- Beratungs-, Kommunikations- und Kooperationsfähigkeit als sozial-kommunikative Kompetenzen.

Aus ihrem eigenen Erfahrungshorizont als langjährige Fachberatung fügte Beitzel (2014, S. 40) weitere Kompetenzen hinzu: »Was wäre eine Fachberatung ohne Lernbereitschaft, denn Wissen muss stets aktualisiert und Kompetenzen müssen weiterentwickelt werden. Ohne Glaubwürdigkeit würden Informationen nicht angenommen oder Vertrauen in der Beratungsbeziehung entwickelt werden können. Optimismus ist gerade in unsicheren Zeiten besonders hilfreich, und Humor bringt die bereichernde Freude an der Arbeit und ist zugleich Ausdruck derselben.«

Diese insgesamt 16 ermittelten Kompetenzen stellen sich in Anlehnung an den KompetenzAtlas von Heyse und Erpenbeck wie folgt dar:

Personale Kompetenz (P)				Aktivitäts- und Handlungskompetenz (A)			
Loyalität	Normativ-ethische Einstellung	Einsatzbereitschaft	Selbstmanagement	Entscheidungsfähigkeit	Gestaltungswille	Tatkraft	Mobilität
P		**P/A**		**A/P**		**A**	
Glaubwürdigkeit	Eigenverantwortung	Schöpferische Fähigkeit	Offenheit für Veränderungen	Innovationsfreudigkeit	Belastbarkeit	Ausführungsbereitschaft	Initiative
Humor	Hilfsbereitschaft	Lernbereitschaft	Ganzheitliches Denken	Optimismus	Soziales Engagement	Ergebnisorientiertes Handeln	Zielorientiertes Führen
P/S		**P/F**		**A/S**		**A/F**	
Mitarbeiterförderung	Delegieren	Disziplin	Zuverlässigkeit	Impulsgeben	Schlagfertigkeit	Beharrlichkeit	Konsequenz
Konfliktlösungsfähigkeit	Integrationsfähigkeit	Akquisitionsstärke	Problemlösefähigkeit	Wissensorientierung	Analytische Fähigkeiten	Konzeptionsstärke	Organisationsfähigkeit
S/P		**S/A**		**F/P**		**F/A**	
Teamfähigkeit	Kundenorientierung	Experimentierfreude	Beratungsfähigkeit	Sachlichkeit	Beurteilungsvermögen	Fleiß	Systematisch-method. Vorgehen
Kommunikationsfähigkeit	Kooperationsfähigkeit	Sprachgewandtheit	Verständnisbereitschaft	Projektmanagement	Folgebewusstsein	Fachwissen	Marktkenntnis
S		**S/F**		**F/S**		**F**	
Beziehungsmanagement	Anpassungsfähigkeit	Pflichtgefühl	Gewissenhaftigkeit	Lehrfähigkeit	Fachliche Anerkennung	Planungsverhalten	Fachübergreifende Kenntnisse
Sozial-kommunikative Kompetenz (S)				Fach- und Methodenkompetenz (F)			

Kompetenzprofil Fachberatung für Kindertageseinrichtungen nach Beitzel (2014) in Anlehnung an den KompetenzAtlas von Heyse und Erpenbeck (2009)

Aus diesem Kompetenzprofil wird deutlich, dass es um weit mehr als um Fach- und Beratungskompetenzen einer Fach-Beratung geht und die personalen Kompetenzen dabei an erster Stelle stehen.

Da das Kompetenzprofil auf der Grundlage der damals aktuellen Literaturlage entstanden ist und sich insbesondere auf die Fachberatung von evangelischen Kindertageseinrichtungen innerhalb der Evangelischen Kirche im Rheinland (EKiR) und in Nordrhein-Westfalen (NRW) bezieht, soll nun eruiert werden, welche aktuellen und trägerunabhängigen Literaturquellen weiter etwas zu den notwendigen Kompetenzen von Fachberatung aussagen.

Weiterentwicklung der Kompetenzzuschreibungen für Fachberatung

Grundsätzlich ist festzustellen, dass die allgemeine Diskussion rund um die Fachberatung als qualitätssicherndes und -entwickelndes Unterstützungsinstrument im System der Kindertageseinrichtung Aufwind bekommen hat. In den letzten Jahren ist sie verstärkt Gegenstand des Interesses in der wissenschaftlichen Auseinandersetzung, in der fachpolitischen Debatte sowie in der Planung von Qualifizierungsmaßnahmen geworden. Auch Empowerment-Aktivitäten der FachberaterInnen selbst tragen ihre ersten Früchte.

Doch wie ist seit 2014 die länder- und trägerunabhängige Diskussion über notwendige Kompetenzen von Fachberatung bzw. das Kompetenzprofil weitergeführt worden? Im Folgenden werden Aussagen zu Fachberatungskompetenzen zusammengetragen, die in den aktuellen wissenschaftlichen Quellen und fachpolitischen Papieren bzw. Projekten zu finden sind.

Bei den wissenschaftlichen Quellen handelt es sich um

• die Studie »Die Rolle von Fachberatung im System der Entwicklung von Qualität in der Frühen Bildung« (Hochschule RheinMain 2014) und
• die Expertise »Fachberatung im System der Kindertagesbetreuung« von Preissing, Berry und Gerszonowicz (2015).

Bei den fach- und berufspolitischen Papieren und Projekten handelt es sich um

• das Bundesprogramm Sprach-Kitas (Bundesministerium für Familie, Senioren, Frauen und Jugend 2016) und
• den Zwischenbericht von Bund und Ländern und Erklärung der Bund-Länder-Konferenz »Frühe Bildung weiterentwickeln und finanziell sichern« (Bundesministerium für Familie, Senioren, Frauen und Jugend 2016).

Betrachtung der wissenschaftlichen Quellen

Im Jahr 2014 wurden die Ergebnisse der Studie »Die Rolle von Fachberatung im System der Entwicklung von Qualität in der Frühen Bildung« (Hochschule Rhein-Main) veröffentlicht, die vom Bundesministerium für Bildung und Forschung in Auftrag gegeben wurde.

Im Rahmen eines Vortrags weisen zwei wissenschaftliche MitarbeiterInnen der Studie, Regina Remsperger und Stefan Weidmann, auf die grundsätzlichen Qualitätsansprüche von und an Fachberatung hin: 47 Prozent der Fachberatungen formulieren Kompetenz als Qualitätsanspruch an sich selbst, und ein nahezu gleicher Anteil der Beratenen (45 %) richten ihn auch an die Fachberatung. Kompetenz als Qualitätsanspruch wird unter anderem auf Struktur, Klärung, Anregungen/Reflexion und Sachfragen/Information der Fachberatung bezogen. Haltung wird hier – anders als bei Beitzel – nicht als Kompetenz, sondern als eigenständiger Qualitätsanspruch benannt. Dieser Anspruch wird nur von 30 Prozent der Fachberatungen an sich selbst und von 16 Prozent der Beratenen an die Fachberatung formuliert.

In der Broschüre »Profis für Kitas« werden vom Bundesministerium für Bildung und Forschung (2017) Ergebnisse und Impulse aus der Forschung über die Aus-, Fort- und Weiterbildung von pädagogischen Fachkräften zusammengefasst, unter anderem auch die Ergebnisse der Studie zur Rolle der Fachberatung[4] (Hochschule RheinMain o. A., S. 61ff.). Als wesentliches Ergebnis der Studie wird herausgestellt, dass eine große Bandbreite in der Arbeit von Fachberatungen besteht, aus der sich in Bezug auf das Selbstverständnis unterschiedliche Typen und somit auch unterschiedliche Schwerpunkte in der Beratung ableiten lassen (ebd.). Anders als bei Beitzel, die die erforderlichen Kompetenzen einer Fachberatung in Abhängigkeit zu deren Aufgaben und Handlungsfeldern sieht, werden hier die Kompetenzen in Beziehung zum Typus, das heißt zum Selbstverständnis von Fachberatung gebracht. Diese Typen werden als sogenannte Habitusformationen[5] beschrieben:

• Praxisberatender und kontrollvermeidender Habitus
• Erratischer Habitus
• Strukturbezogener Habitus

Unter Bezugnahme auf diese Typen werden im Abschlussbericht der Studie die in Qualifizierungsmaßnahmen zu erwerbenden Kompetenzen von Fachberatung folgendermaßen ausdifferenziert:

Praxisberatender und kontrollvermeidender Habitus (ebd., S. 65f.)

• Kompetenz der Beziehungsgestaltung bei gleichzeitig umfänglichem, inhaltlichem Wissen: Analyse der Interaktionsmuster der Beratenen und der eigenen

---

4 Hier unter dem Titel: »Fachberatung als Bestandteil der Qualitätsentwicklung in der frühen Bildung«.

5 Nähere Ausdifferenzierung im Beitrag von Michael May, S. 61ff..

Rolle (Ausbildung, Alter) in der Zusammenarbeit mit den Beratenen; Erarbeitung von Problemebenen (Fachberatung selbst, Beziehung, Team der Fachkräfte in den Kindertageseinrichtungen), Kompetenz im Umgang mit unterschiedlichen Qualitätsansprüchen, Kompetenz hinsichtlich der Ausbalancierung von Dilemmata: Reflexion der »Stolpersteine« im eigenen Beratungshandeln (Wo möchte ich selbst wertschätzend und partnerschaftlich handeln und wo falle ich zurück in alte »Kontrollmuster«?)

- Kompetenz im Umgang mit den Auswirkungen gesellschaftlicher Entwicklungen: Reflexion über die Auswirkungen pädagogischer Ansätze in der Vergangenheit, die gesellschaftlichen Entwicklungen und Rahmenbedingungen des eigenen Wirkungsbereichs, die berufliche/biografische Sozialisation der Beratenen
- Hohes Maß an Selbstreflexivität: eigene berufliche Sozialisation, Biografie, Reflexion neuer fachlicher Entwicklungen in der Pädagogik der Kindheit und des Zusammenhangs mit der eigenen Rolle und dem eigenen Selbstverständnis; eigene Positionierung zu den Themen der Pädagogik der Kindheit, Entwicklung eines professionellen Selbstbewusstseins

Erratischer, sich auf die Beratenen einstellender Habitus (ebd., S. 64)

- Analytische Kompetenz, um den eigenen Umgang mit unterschiedlichen Erwartungen bzw. Qualitätsansprüchen an Fachberatung zu reflektieren, sich hier positionieren sowie einen Kita-Habitus der Vermittlung näher betrachten zu können
- Reflexive Kompetenz zur Entwicklung und Gestaltung der Arbeitsbündnisse mit den Beratenen sowie zur Ausbalancierung von Dilemmata des eigenen professionellen Handelns
- Kompetenz, um mit sich verändernden Anforderungen und Rahmenbedingungen des Feldes der Fachberatung umzugehen, sich zu positionieren und auch politische Transformation zu betreiben

Strukturbezogener Habitus (ebd., S. 67)

- Kompetenz im Umgang mit aktuellen Diskursen der Pädagogik der Kindheit
- Kompetenz im Umgang mit politischen Vorgaben
- Kompetenz in der Ausbalancierung von Dilemmata
- Kompetenz zur Unterstützung der Entwicklung einer »professionellen Organisationskultur« in den Kitas gemeinsam mit den dort Beschäftigten
- Kompetenz in der Entwicklung einer eigenen »professionellen Organisationskultur« von Fachberatung: Zusammendenken von Organisationsberatung und pädagogischer Beratung, fortwährender kollegialer Austausch zwischen Fach-

beraterInnen mit unterschiedlichen Aufgaben, gemeinsame Entwicklung von Qualitätsmanagement-Verfahren, die die Intensität und Prozesshaftigkeit berücksichtigen, die eine Etablierung von neuen pädagogischen Konzepten in der Praxis bedarf

Diese Übersicht zeigt, dass vor allem die Reflexionskompetenz sowie die Kompetenz zur Ausbalancierung von Dilemmata relevant sind, egal um welchen Typus von Fachberatung es sich handelt. Remsperger und Weidmann (2014) schlussfolgern, dass demnach die Qualifizierung von Fachberatung eine Reflexivität hin auf die unterschiedlichen Erwartungen, auf die Person und den Fall sowie auf die Organisation und ihre Akteure implizieren muss.

Bei der zweiten wissenschaftlichen Quelle handelt es sich um die Expertise »Fachberatung im System der Kindertagesbetreuung« von Preissing, Berry und Gerszonowicz, die in dem Band »Qualität für alle – Begründete Standards für die Kindertagesbetreuung« im Jahr 2015 veröffentlicht wurde. Die Expertise wurde vom Familienministerium im Rahmen der Vorüberlegungen zur Entwicklung eines Bundesqualitätsgesetzes in Auftrag gegeben. Darin wird den Kompetenzen der Fachberatung ein eigenes Kapitel (2.5) gewidmet. Dem folgen ein Kapitel (2.6) zur Ausbildung und den Qualifizierungsvoraussetzungen sowie ein Kapitel (2.7) zur Fort- und Weiterbildung. In den abschließenden Empfehlungen wird nicht mehr explizit von Kompetenzen, sondern von Qualifikationsprofil sowie der systematischen und kontinuierlichen Qualitätsentwicklung für die Arbeit von Fachberatung gesprochen.

Unter anderem wird in der Expertise auch das Kompetenzprofil von Beitzel (2014) zitiert, unter anderem mit der Aussage, dass die Entwicklung einer professionellen Haltung eine eigenständige Kompetenz bilde, die zur Erfüllung der Gesamtheit an Aufgaben notwendig sei (ebd., S. 271).

Auffällig ist, dass in der Expertise die Aussagen zu Haltungen als erstes aufgeführt werden. Erst danach – eingeleitet durch das Wort »zusätzlich« – wird betont, dass viele weitere Wissensinhalte, Fähigkeiten und Kompetenzen der Unterstützung und Festigung der professionellen Haltung dienen (ebd., S. 272). Diese Kompetenzen werden unterschieden in »Feldkompetenzen« (ebd.) und »Beratungskompetenzen« (ebd., S. 273), denen auch Fachkenntnisse zugeordnet werden. Nach Preissing, Berry und Gerszonowicz (2015) erlaubt jedoch der unzureichende Forschungsstand keine allgemeinen Aussagen darüber, ob bzw. in welchem Ausmaß die verfügbaren Kompetenzen der gegenwärtig tätigen FachberaterInnen ihrer anspruchsvollen Aufgabe genügen. Die Autorinnen gehen davon aus, dass eine Klärung des Berufsprofils der Fachberatung im System der Kindertagesbetreuung auch den Blick für die Kompetenzen schärfen werde, die für die Wahrnehmung dieser Aufgabe erforderlich sind. Konsequenterweise ist dann auch zu fragen, wie der Erwerb dieser Kompetenzen für zukünftige FachberaterInnen sichergestellt werden kann (ebd.).

Betrachtung von fach- und berufspolitischen Papieren und Projekten

Seit 2015 gibt es im Rahmen des Bundesprogramms Sprach-Kitas eine zusätzliche »Fachberatung Sprache«. Aussagen zu deren Kompetenzen sind nicht explizit zu finden. Auf der Internetseite des Bundesfamilienministeriums heißt es, dass zunächst die Anforderungen für die Fachberatungen maßgeblich seien, die für das jeweilige Bundesland gelten. Seien diese erfüllt, sollten im zweiten Schritt die folgenden Anforderungen des Programms erfüllt werden: akademischer Abschluss, spezielle Kenntnisse im Bereich der sprachlichen Bildung sowie der Inklusion und/oder Zusammenarbeit mit Familien (z.B. Nachweis durch entsprechende Fort- und Weiterbildungen), mindestens zwei Jahre Berufserfahrung als FachberaterIn, Erfahrungen in den Bereichen Beratung, Coaching, Erwachsenenbildung etc. im Praxisfeld der Kindertageseinrichtungen.

Es fällt auf, dass im Zusammenhang mit den Qualifizierungsmaßnahmen für die zusätzliche Fachberatung des Bundesprogramms von einer MultiplikatorInnentätigkeit gesprochen wird. Die Verwendung der unterschiedlichen Begrifflichkeiten FachberaterIn und MultiplikatorIn führt zu einer Verwischung des grundsätzlichen Rollenverständnisses von Fachberatung. Fachberatung zeichnet sich nach Irskens (2007) durch Transferleistungen *zwischen* Wissenschaft und Praxis, Politik und Pädagogik sowie Tradition und Innovation aus – durch den Erwerb und Einsatz von Handlungskompetenzen. Die vom Bund skizzierte MultiplikatorInnenrolle impliziert eher, von Politik zur Praxis zu vermitteln und dabei in Kognitionsrichtung zu schulen.

Im Jahr 2016 wurde der Zwischenbericht von Bund und Ländern und die Erklärung der Bund-Länder-Konferenz »Frühe Bildung weiterentwickeln und finanziell sichern« vom Bundesministerium für Familie, Senioren, Frauen und Jugend gemeinsam mit der Jugend- und Familienministerkonferenz (2016) bekanntgegeben. In dem Bericht wird unterstrichen, dass Fachberatung die strukturelle Voraussetzung für eine hochwertige Qualität in der Kindertagesbetreuung ist. Allerdings bedürfe es eines Profils der Fachberatung und der kontinuierlichen

Qualifizierung, um das Potenzial der Fachberatung als Unterstützungsinstrument voll auszuschöpfen (ebd.). So wird als Handlungsziel (ebd.) benannt, dass jede Einrichtung ein Recht auf Fachberatung hat. Ziel ist es, die Fachberatungssysteme der Länder aufbauend auf den bestehenden Strukturen bedarfsorientiert auszubauen und zu kompetenzorientierten Systemen weiterzuentwickeln. Fachberatung sollte über ein einschlägiges Studium verfügen und das Recht wie auch die Pflicht zur kontinuierlichen Fortbildung haben. So werden in dem Zwischenbericht zwar nicht explizit die Kompetenzen von Fachberatung angesprochen, dennoch auf deren hohe Bedeutung hingewiesen.

Fazit

In der Zusammenschau der Rechercheergebnisse lassen sich folgende Rückschlüsse auf weitere Entwicklungen ableiten: Da nach wie vor selten konkretisiert wird, welches Verständnis hinter der Nutzung des Kompetenzbegriffes steht, gilt es wachsam zu bleiben. Gerade für FachberaterInnen ist und bleibt es eine Aufgabe, sich mit dem eigenen Kompetenzverständnis auseinanderzusetzen, denn die Austarierung zwischen Kognitions- oder Performanzrichtung ist nach Beitzel (2014) wegweisend bei der Umsetzung ihres Beratungsauftrages. Die Fokussierung auf ganzheitliche Menschenbildung statt auf isolierte Wissensbildung ist für die Kinder genauso richtungsweisend wie für Fachberatung selbst (ebd.). Nicht zuletzt die Debatte um eine mögliche PISA-Studie im Elementarbereich fordert zur konkreten Positionierung in Bezug auf das Bildungs- und Kompetenzverständnis heraus.

Eine Beschreibung von erforderlichen Fachberatungskompetenzen kann, wie die bisherige Recherche gezeigt hat, in Bezug zu bzw. in Abhängigkeit von Aufgaben, Rahmenbedingungen oder dem Typus von Fachberatung erfolgen. Grundsätzlich muss auf eine Abgrenzung zu anderen Rollen, wie zum Beispiel MultiplikatorIn, SupervisorIn, Coach oder ReferentIn geachtet werden.

Der KompetenzAtlas von Heyse und Erpenbeck sowie das Kompetenzprofil von Beitzel können Anstellungsträgern als gute Arbeitsgrundlage bei der Formulierung von Stellenausschreibungen, Planung von Fort- und Weiterbildungen sowie anderen Personalentwicklungsmaßnahmen dienen. Ebenso können sie den FachberaterInnen selbst als Reflexionsgrundlage ihrer eigenen Kompetenzen nutzen.

Bei der weiteren Qualifizierungs- bzw. Professionalisierungsdebatte, die träger-, verbände- und länderübergreifend geführt wird, fehlt es noch an eigenständigen wissenschaftlichen Studien zu den erforderlichen Kompetenzen von Fachberatung und der Aufarbeitung der bisherigen Erkenntnisse aus der Studie zur Rolle der Fachberatung. Auch ist noch nicht erkennbar, welche Bedeutung der Deutsche Qualifikationsrahmen (DQR) spielt, um allgemeingültigere Aussagen zu Fachberatungskompetenzen zu formulieren.

Richtungsweisend für alle Ebenen – die Fachberatung selbst, deren Anstellungsträger, Wissenschaft und Politik – ist, dass die Reflexion von Haltungen und Verhalten als bedeutsame Kompetenz entsprechend Raum bekommt und somit zukünftig mehr als 30 Prozent der FachberaterInnen Haltung als Qualitätsanspruch an sich selbst formulieren.

Förderlich kann dabei eine verstärkte Vernetzung der FachberaterInnen sein, durch die, neben Sach- und Strukturthemen, auch der Diskurs über das eigene Handlungsfeld berücksichtigt wird. Beispielsweise könnte eine Internetplattform für FachberaterInnen auf Bundesebene einen großen Beitrag dazu leisten, über aktuelle berufsständige Entwicklungen und wissenschaftliche Forschungen zum Handlungsfeld Fachberatung sowie spezifische Qualifizierungsmöglichkeiten für Fachberatung zu informieren und somit die Fachberatung als Profession zu stärken.

Es bleibt spannend zu beobachten, wie die Diskussion um Fachberatung im Allgemeinen und deren Kompetenzen im Besonderen weitergeführt wird. Wer an dieser Stelle spontan aktiv werden möchte, ist eingeladen, sich einer der personalen Kompetenzen – und zwar dem Humor – zu widmen und sich die Frage zu stellen: Was kann ich heute tun, damit ich mich zum Lächeln bringe?

Literatur

Beitzel, P. (2014): Kompetenzprofil der Fachberatung für Kindertageseinrichtungen. Berlin: Verlag des Deutschen Vereins für öffentliche und private Fürsorge e.V..

Bundesministerium für Bildung und Forschung (2017): Profis für die Kita. Ergebnisse und Impulse der Forschung zur Aus-, Fort- und Weiterbildung von pädagogischen Fachkräften. www.bmbf.de/pub/Profis_fuer_die_Kita.pdf (letzter Zugriff: 04.12.2017).

Bundesministerium für Familie, Senioren, Frauen und Jugend (2016): Bundesprogramm Sprach-Kitas. www.sprach-kitas.fruehe-chancen.de/service/faqs/#c2798 (letzter Zugriff: 04.12.2017).

Bundesministerium für Familie, Senioren, Frauen und Jugend / Jugend- und Familienministerkonferenz (2016): Zwischenbericht von Bund und Ländern und Erklärung der Bund-Länder-Konferenz »Frühe Bildung weiterentwickeln und finanziell sichern«. www.fruehe-chancen.de/fileadmin/PDF/Fruehe_Chancen/Bund-Laender-Konferenz/Zwischenbericht_mit_unterschriebener_Erklaerung.pdf (letzter Zugriff: 04.12.2017).

Gerlach-Keuthmann, U. (2009): Fachberatung – Perspektiven eines Unterstützungssystems. In: Evangelische Kirche im Rheinland; Diakonisches Werk der Evangelischen Kirche im Rheinland e.V.; Rheinischer Verband Evangelischer Tageseinrichtungen für Kinder e. V (Hrsg.): Integriertes Bildungssystem Evangelischer Kindertageseinrichtungen. Moers: Joh. Bredow & Sohn GmbH.

Hense, M. (2008): Zur Wirksamkeit der Fachberatung. https://pub.uni-bielefeld.de/publication/2303371 (letzter Zugriff: 04.12.2017).

Heyse, V. & Erpenbeck, J. (2009): Kompetenztraining. Informations- und Trainingsprogramme. 2. Aufl. Stuttgart: Poeschel.

Hochschule RheinMain University of Applied Sciences Wiesbaden Rüsselsheim Geisenheim (o.A.): Abschlussbericht. Die Rolle von Fachberatung im System der Entwicklung von Qualität in der frühen Bildung. www.forschung-fachberatung.de/downloads.html (letzter Zugriff: 04.12.2017).

Irskens, B. (2007): Fachberatung für Kindertageseinrichtungen. In: Deutscher Verein für öffentliche und private Fürsorge e.V.: Fachlexikon der sozialen Arbeit. 6. Aufl. Baden-Baden: Nomos.

Nachrichtendienst des Deutschen Vereins (2012): Empfehlungen des Deutschen Vereins zur konzeptionellen und strukturellen Ausgestaltung der Fachberatung im System der Kindertagesbetreuung. www.deutscher-verein.de/de/empfehlungen-stellungnahmen-2012-empfehlungen-des-deutschen-vereins-zur-konzeptionellen-und-strukturellen-ausgestaltung-der-fachberatung-im-system-der-kindertagesbetreuung-sb1sb-1528,308,1000.html (letzter Zugriff: 04.12.2017).

Preissing, Ch.; Berry, G. & Gerszonowicz, E. (2015): Fachberatung im System der Kindertagesbetreuung. In: Qualität für alle – Wissenschaftlich begründete Standards für die Kindertagesbetreuung. Freiburg: Verlag Herder GmbH.

Remsperger, R. & Weidmann, S. (2014): Qualitätsansprüche von und an Fachberatung. www.deutscher-verein.de/de/uploads/vam/2014/dokumentation/f-2220-14/pp_qualitaetsanspruche_fachberatung.pdf (letzter Zugriff: 04.12.2017).

Beratungstypen und Professionalitätsformen
Selbstverständnis und Beratungspraxis von Fachberatung als Forschungsgegenstand

Michael May

Im Forschungsprojekt »Die Rolle von Fachberatung im System der Entwicklung von Qualität in der frühen Bildung«[6] haben wir an der Hochschule Rhein-Main das Selbstverständnis und die Beratungspraxis von Fachberatung für Kindertageseinrichtungen sowie die unterschiedlichen Erwartungen und Qualitätsansprüche an diese untersucht. Dazu wurden zunächst 30 Fachberaterinnen und drei Fachberater unterschiedlicher Träger aus verschiedenen Bundesländern zu ihrem professionellen Selbstverständnis und jeweils favorisierten Beratungsansatz befragt. In Anlehnung an das Verfahren sinngenetischer Rekonstruktion der Dokumentarischen Methode (Bohnsack 2007) haben wir empirisch in komparatistischer Weise unterschiedliche Selbstverständnisse von Fachberatung *idealtypisch* ausgearbeitet. Mit Max Weber ist dabei in Erinnerung zu rufen, dass solche *Idealtypen* von uns »in einer rationalen Geschlossenheit herauspräpariert« (1988, S. 537) wurden, wie sie in dieser Reinheit »in der Realität *selten* auftreten, aber allerdings: auftreten können« (ebd.) und in der von uns untersuchten Stichprobe auch »aufgetreten *sind*« (ebd.).

Grundannahmen des Forschungsprojekts

Da das Selbstverständnis und die reale Praxis von Fachberatung nicht in jedem Falle identisch sein müssen und zudem das »Wie« der Beratung zwar prinzipiell auch für die Beratenden bewusstseinsfähig ist, ein entsprechender modus operandi im beruflichen Alltag aber zumeist vorreflexiv seine Wirkung entfaltet, schien es uns methodologisch notwendig, unterschiedliche Typen des »Wie« von Fachberatung nicht nur auf der Basis von Interviewmaterial, sondern aus deren Praxis selbst zu rekonstruieren. Deshalb baten wir die Professionellen, reale Beratungsgespräche aufzuzeichnen, und interviewten sie und die Beratenen im Anschluss über ihr Erleben der Gespräche. Die Interviews dienten einerseits dazu, die Pro-

6   Das Projekt wurde vom Bundesministerium für Bildung und Forschung im Rahmen des Programms »Ausweitung der Weiterbildungsinitiative Frühpädagogische Fachkräfte« (AWiFF) gefördert. Die Verantwortung für den Inhalt dieser Veröffentlichung liegt beim Autor.

zessualität jener Arbeitsbündnisse besser verstehen zu können, die Fachberatungen im Handlungsfeld von Kindertageseinrichtungen mit ihren Beratenen eingehen. Zum andern wurden die Interviews zu den Beratungen von uns genutzt, um unterschiedliche Qualitätsansprüche von Fachberatung zu rekonstruieren.

In diesem Beitrag geht es jedoch nur um die unterschiedlichen Beratungstypen und Professionalitätsformen: Letzteres auch im Hinblick auf eine weitere Professionalisierung von Fachberatung, die – wenn sie nicht an den in diesem Feld schon beruflich Tätigen vorbeigehen soll – an dem ansetzen muss, *wie* sie Fachberatung gegenwärtig praktizieren. Um solche beruflichen Habitusformationen eines spezifischen modus operandi von Fachberatung idealtypisch zu rekonstruieren, musste eine Vielzahl von Beratungssituationen erfasst werden. Zunächst ordneten wir den uns zur Verfügung gestellten Audioaufzeichnungen von Fachberatungen mithilfe von MAXQDA Kodes zu. Diese hatten wir auf der Basis einer Weiterentwicklung der von Fritz Schütze (2000) rekonstruierten Paradoxien professionellen Handelns und eigenen Forschungsarbeiten zu Dilemmata und Modi professionellen Handelns sowie Abstimmungsprozessen in Interaktionen herausgearbeitet und durch offene Kodierungen ergänzt (May et al. 2014). Bezüglich der thematischen Felder griffen wir entsprechende Kategorien der bundesweiten WiFF-Fachberatungs-Befragung auf (Leygraf 2013).

Bei der Kodierung der Beratungssequenzen zeigte sich, dass jene Einheitlichkeit in der Wahrnehmung, Beurteilung und Beratung bezüglich der Problemkonstellationen, um die es in Fachberatung von Kindertageseinrichtungen geht, vergleichsweise eher selten in der Weise gegeben zu sein schien, wie dies von der Theorie beruflicher Habitusformationen her zu erwarten gewesen wäre. Zumindest variierte der modus operandi selbst in einem einzelnen Beratungsgespräch häufig mehrfach. Wir hatten von daher zu überprüfen, ob diese Wechsel – als eher willkürlich erfolgende – auf Unsicherheiten und damit letztlich unprofessionelles Handeln verweisen, oder ob sie konsistent einer bestimmten Logik folgen und sich von daher gerade in den spezifischen Formen des Wechsels des modus operandi bei bestimmten Themen, Problem- und Beratungskonstellationen etc. ein spezifischer Typus hochprofessioneller Fachberatung zeigt. Ob dieser dann noch als berufliche Habitusformation zu begreifen ist, schien uns von der empirischen Rekonstruierbarkeit einer ganz bestimmten Soziogenese eines solchen Beratungstypus abhängig zu sein.

Darüber hinaus vermuteten wir, dass sich in ganz bestimmten Organisations- und Institutionalisierungsformen von Fachberatung auch spezifische berufliche

Habitusformationen ausbilden würden. Ebenso vermuteten wir Zusammenhänge mit den thematischen Feldern von Fachberatung, die nach den Erkenntnissen der WiFF-Befragung bei den einzelnen Fachberatungen ja durchaus höchst unterschiedlich akzentuiert sein können. Aufgrund der Breite des uns zur Verfügung gestellten Materials griffen wir zunächst mithilfe des Code-Relation-Browser von MAXQUDA auf eine quantitative Auswertung der über die Kodierungen rekonstruierbaren Zusammenhänge zurück. Unsere Hoffnung, dadurch Hinweise zu bekommen, denen wir in einer qualitativen Analyse nochmals nachgehen wollten, wurde jedoch enttäuscht. Es zeigten sich kaum Zusammenhänge. Deshalb haben wir auf der Basis des Datensatzes der bundesweiten WiFF-Befragung zu Fachberatung bestimmte Zusammenhänge erneut statistisch überprüft. Dass sich aber auch hier keine sonderlich starken Zusammenhänge und zumeist auf einem eher unbefriedigenden Signifikanzniveau finden ließen, untermauert eindrücklich die Heterogenität dieses Berufsfeldes, in dem es kaum soziale Regelmäßigkeiten zu geben scheint.

Die folgende Darstellung geht aus von den **drei beruflichen Habitusformationen,** die sich idealtypisch auf der Basis unseres Datenmaterials haben rekonstruieren lassen, und setzt diese einerseits in Beziehung zu den spezifischen Selbstverständnissen von Fachberatung, wie wir sie sinngenetisch aus den Interviews zu Beginn unserer Untersuchung gewonnen haben. Zum anderen sollen Bezüge zur interferenzstatistischen Auswertung der WiFF-Fachberatungs-Befragungsdaten erörtert werden. Methodologisch lässt sich für die von uns idealtypisch rekonstruierten Habitusformationen ein Anspruch auf Verallgemeinerbarkeit erheben. Allerdings ist vor dem Hintergrund der Heterogenität von Fachberatung, wie sie sich auch in der interferenzstatistischen Auswertung der WiFF-Daten zeigte, zu vermuten, dass es in der Praxis von Fachberatung noch weitere, in unserer begrenzten Stichprobe nicht erfasste Typen geben könnte, die sich von unseren drei idealtypisch rekonstruierten systematisch unterscheiden lassen und auch keine Mischungsverhältnisse zwischen diesen darstellen.

Da wir weit mehr Selbst- und Beratungsverständnisse als berufliche Habitusformationen rekonstruieren konnten, werden diejenigen Selbst- und Beratungsverständnisse, die nicht in Korrespondenz zu den beruflichen Habitusformationen stehen, im Anschluss knapp dargestellt und ebenfalls in Beziehung zur interferenzstatistischen Auswertung der WiFF-Fachberatungs-Befragungsdaten gesetzt. Am Schluss des Beitrages werden Professionalisierungskonzepte von Fachberatung zur Diskussion gestellt, die an den rekonstruierten *beruflichen Habitusformationen* ansetzen.

Strukturbezogener Habitus

Wegen ihrer Konsistenz am einfachsten rekonstruieren ließ sich eine in unserer Stichprobe jedoch nicht sehr breit vertretene berufliche Habitusformation, die mit einem Selbstverständnis von Fachberatung als **Monitoring** korrespondiert. Oberstes Ziel dieses Beratungstypus ist die kontinuierliche und systematische Weiterentwicklung von Qualität in Kindertageseinrichtungen sowie die regelmäßige Analyse und Bewertung von Qualitätsentwicklungsprozessen in den Einrichtungen, wodurch auch Trägervertretungen zu einer zentralen Zielgruppe dieses Typus werden.

Um die Einführung einheitlicher Qualitätsstandards, die Umsetzung rechtlicher Vorschriften und pädagogischer Richtlinien sowie die Herstellung klarer, transparenter Arbeitsstrukturen zu gewährleisten, wirkt dieser Typus bei der Entwicklung von Qualitätsmanagementsystemen mit. Neben Fragen der Organisations- und Personalentwicklung steht dabei die Übermittlung von Fachinformationen vonseiten des Landes oder des Jugendamts (u.a. Bildungspläne als Qualitätsentwicklungsinstrument, dessen Umsetzung es zu überwachen gilt) im Vordergrund der Fachberatung.

Betrachtet man die Umsetzungsmethoden des Monitorings, dann fallen darunter zum Beispiel Beratungs- und Zielvereinbarungen, zertifizierte Handbücher, Kundenbefragungen, Audits, Zertifizierungsverfahren sowie große Datenbanken. Diese Instrumente dienen der Dokumentation im Qualitätsmanagement-Prozess, der klaren Festlegung terminierter Qualitätsziele und Maßnahmen, der besseren Umsetzbarkeit von Beratungsergebnissen, der Hinterfragung von Zielen und der Überprüfbarkeit von Ergebnissen. Entsprechend korrespondiert ein Selbstverständnis von Monitoring mit den beiden in der Faktorenanalyse über die in der WiFF-Befragung erhobenen Arbeitsanteile von Fachberatung ermittelten Faktoren von Dienst-, Fach- und Betriebsaufsicht auf der einen Seite und von externer sowie der Unterstützung interner Evaluation von Kindertageseinrichtungen auf der anderen Seite.

Zwar ist ein Selbstverständnis von Monitoring nicht zwangsläufig an eine Organisation von Fachberatung in Form von Dienst-, Fach- und Betriebsaufsicht gebunden. Dort, wo dies der Fall ist, korrespondiert dieses Selbstverständnis gerade bei jüngeren Fachberatungen und jenen, die studiert haben, jedoch mit einem sachlichen, eher interventionistischen und eher distanzierten Modus auf der Interaktionsebene. Vor dem Hintergrund, dass auch nach Befunden der WiFF-Befragung BerufsanfängerInnen Funktionen der Dienst-, Fach- und Betriebsaufsicht häufiger ausüben als Erfahrene, scheint sich hier möglicherweise eine Neuausrichtung von Fachberatung anzukündigen. Entsprechend zeigten sich bei den von uns besuchten Tagungen des Deutschen Vereins zu Fachberatung in den

letzten Jahren starke Bestrebungen, diese als Organisationsberatung zu profilieren und sie mit Controlling-Funktionen zu betrauen im Bestreben, auf diese
Weise die Qualität von Kitas zu verbessern. Ähnlich artikulierten auch schon län-
ger im Dienst stehende FachberaterInnen unterschiedlichster Träger bei von uns
durchgeführten Weiterbildungen und Fachkonferenzen, dass sich ihre Tätigkeit
in Richtung Organisationsberatung verschiebe und sie kaum noch Gelegenheiten
für Fallberatungen hätten.

Gerade die hohe Korrespondenz nicht nur zwischen einem Selbstverständnis als Monitoring und einer entsprechenden interventionistischen Fachberatungspraxis, sondern vor allem zwischen gesellschaftlicher (in Form skizzier-
ter fachpolitischer Bestrebungen, Fachberatung als Organisationsberatung zu
profilieren), institutioneller, organisatorischer und interaktiver Ebene bei der
Rekonstruktion der entsprechenden Arbeitsbündnisse (Steinert 1998) von Fachberatung legitimiert die Charakterisierung als eine berufliche Habitusformation.
In Rückgriff auf Schaarschuchs (1996) dienstleistungstheoretische Terminologie
wäre hier im Hinblick auf die Soziogenese einer solchen von uns als strukturbezogen bezeichneten Habitusformation davon zu sprechen, dass sich in bestimmten Erbringungskontexten, die durch entsprechende Institutionalisierungs- und
Organisationsformen von Fachberatung charaktcrisiert sind, ein solcher Habitus
auszubilden vermag.

Praxisberatender und kontrollvermeidender Habitus

In unserem Versuch, in komparatistischer Weise Idealtypen beruflicher Habitusformationen von Fachberatung zu rekonstruieren, lässt sich gegenüber jenem, an
einem Monitoring orientierten strukturbezogenen Habitus ein modus operandi
identifizieren, der sich deutlich zwischenmenschlich, dialogisch und emotional
zugewandt profiliert. Er korrespondiert mit einem Selbstverständnis von Fachberatung als **Ermöglichung.** Mit dem Ziel vor Augen, selbstbewusste und eigen-
ständig denkende und handelnde Fachkräfte in Kindertageseinrichtungen zu
etablieren, versucht Fachberatung mit diesem beruflichen Selbstverständnis vor
allem auch Leitungskräfte zu stärken. Zugleich trachtet sie aber auch für Themen
wie Macht und Gender zu sensibilisieren.

Deutlich wird so, dass dieser Beratungstypus nicht nur an die Stärken der
Fachkräfte glaubt, sondern die Ressourcen auch klar im Blick hat und diese als
Anknüpfungspunkt für seine Unterstützungsmöglichkeiten wählt. Mit seiner
ressourcenorientierten, auf Partnerschaftlichkeit und Prozessbegleitung aus-

gerichteten Umsetzungsform von Fachberatung greift dieser Typus nicht nur Ideen, Fantasien und konkrete Utopien der Fachkräfte bewusst auf, sondern versucht darüber hinaus in dialogischer Weise neue Möglichkeitsräume für und mit diese(n) zu erschließen bzw. bereits vorhandene Potenziale zu erweitern. Fragen und spezifische Fragetechniken, wie sie auch in bestimmten Beratungsausbildungen gelehrt werden, erscheinen dabei als das Mittel der Wahl, um Prozesse in Gang zu bringen und es den Beratenen zu ermöglichen, sich der jeweiligen Situation bewusst zu werden und selbst Lösungsmöglichkeiten zu finden.

Bei der Relationierung axialer Kodierungen vermittels des Code-Relation-Browser wurden auf der gesellschaftlichen Ebene Bezüge zu den östlichen Bundesländern deutlich, waren dort doch solche Kooperationsformen, wie »Fragen« und »Moderieren«, sowie ein »zugewandter«, »eher abwartender/gewährender« modus operandi deutlich häufiger als bei westlichen Fachberatungen. Auch erweckte die Auswertung von Beratungsgesprächen und Telefoninterviews vielfach den Eindruck, dass sich Fachberatung im Osten Deutschlands gegenüber den Beratenen zurückhält und die Beziehungsgestaltung in den Vordergrund stellt. Das Dilemma, auf eine gute Kindertagesbetreuung hinwirken, aber zugleich in Absetzung von der alten DDR-Fachberatung Interventionen und einen direktiven Umgang vermeiden zu wollen, versucht sie dann durch jenen als Ermöglichen charakterisierten Beratungsstil aufzulösen.

Dass sich ein solcher Modus von Fachberatung quer über die verschiedenen Institutionalisierungs- und Organisationsformen von Fachberatung in den neuen Bundesländern zeigt, bekräftigt die These eines historisch bedingten, regionalen Habitus von Fachberatung. In den von uns für die soziogenetische Rekonstruktion herangezogenen Interviews zum Selbst- und Beratungsverständnis wie auch in den Telefoninterviews im Anschluss an die Beratungsgespräche fanden sich zudem zahlreiche Passagen, in denen sich die Professionellen explizit von der alten DDR-Fachberatung distanzierten. Um dies auch symbolisch zum Ausdruck zu bringen, bevorzugen viele als Selbstbezeichnung den Begriff der **Praxisberatung.** Korrespondierend artikulierten auch die Beratenen ihre Distanz hinsichtlich der früheren DDR-Fachberatung. In Absetzung sowohl von historischen Vorprägungen als auch aktuellen organisationsbezogenen Formatierungen scheint sich also ein **ermöglichender, praxisbegleitender professioneller Habitus** ausgebildet zu haben, der jegliche Kontrollfunktionen zu vermeiden sucht.

Dass dieser in den Gebieten der ehemaligen DDR deutlich stärker ausgeprägt ist als im Westen, heißt jedoch nicht, dass er dort nicht zu finden ist. Er bindet sich im Westen jedoch sehr viel stärker an eine Zusatzausbildung in spezifischen

Beratungsansätzen, wie dem in der Tradition von Carl Rogers oder bestimmten, neuen systemischen Methoden.

Erratischer Habitus

Schon angesprochen wurde, dass in der Mehrzahl der von uns untersuchten Beratungsgespräche Wechsel des modus operandi zu verzeichnen waren. Dass sich in vielen Fällen Beratende und Beratene in den anschließenden Telefoninterviews gleichermaßen hoch zufrieden über solche Gespräch äußerten, war für uns ein erster Indikator, solche Wechsel nicht einer professionellen Inkompetenz zuzuschlagen. Bei der axialen Kodierung vermittels des Code-Relation-Browser zeigte sich, dass sich solche von beiden Seiten positiv bewertete Beratungssituationen mit wechselndem Modus vor allem bei FachberaterInnen finden, die zuvor selbst in Kitas beschäftigt waren. Ein Blick auf deren berufliches und beraterisches Selbstverständnis zeigte dann, dass diese sich hauptsächlich den beiden Idealtypen von **Umsorgen und Vermitteln** zuordnen ließen.

Vermitteln ist dabei im doppelten Wortsinn als einerseits wechselseitige Übersetzung unterschiedlichen Erwartungen der verschiedenen mit frühkindlicher Bildung und Kindertageseinrichtungen verbundenen Interessenlagen – bis hin zu deren Mediation – und andererseits als koordinierende Tätigkeit zu verstehen. Letzterem entsprechen sowohl jene in der WiFF-Befragung erhobenen Arbeitsanteile von Fachberatung im Bereich von Vernetzung der Kitas untereinander und mit anderen Institutionen sowie von Fachberatung selbst als auch der Organisation des Erfahrungsaustauschs zwischen Kindertageseinrichtungen, die in der Faktorenanalyse auf einen gemeinsamen Faktor luden. Der stark mütterlich konnotierte Begriff des Umsorgens verweist auf besondere Beziehungsqualitäten und arbeitsbezogene Entlastungsbemühungen, die davon gespeist sind, dass Fachberatungen dieses beruflichen Selbstverständnisses die hohen Anforderungen von Fach- und insbesondere Leitungskräften in Kindertageseinrichtungen aus der eigenen Berufserfahrung kennen.

Dies ermunterte uns, einen solchen, sich auf die verschiedenen thematischen Felder ebenso wie auf das Gegenüber immer wieder neu einstellenden Beratungsmodus als eine berufliche Habitusformation zu interpretieren, die schon in der Zeit der Kita-Beschäftigung entstanden ist. Denn bereits dort mussten die betreffenden Personen lernen, höchst unterschiedliche Ansprüche miteinander zu vermitteln und sich immer wieder neu auf die verschiedensten Lebensäußerungen von Kindern oder Eltern einzustellen.

Ein weiteres gewichtiges Argument, dass es sich tatsächlich um einen Habitus handelt, war für uns, dass ein solcher Beratungsmodus von ehemals in einer Kita tätigen Fachberatungen ganz unabhängig von ihren ja höchst unterschiedlichen Institutionalisierungs- und Organisationsformen praktiziert wird.

Weitere berufliche Selbstverständnisse von Fachberatung

Zwar kann jegliche Fachberatung von Kindertageseinrichtungen als eine soziale Dienstleistung betrachtet werden. In unseren Interviews fand sich jedoch ein berufliches Selbstverständnis von Fachberatung, das sich explizit als **Dienstleistung** begreift. Das geht so weit, dass die Fachberatung die Kita-Leitungen und pädagogischen Fachkräfte von bestimmten Aufgaben (z.B. Ausfüllen von Formularen) entlastet.

Ein weiteres berufliches Selbstverständnis, das nicht direkt einer Habitusformation zuordenbar ist, haben wir als **Expertise** beschrieben. Selbstverständlich sind auch die von uns rekonstruierten Habitusformationen jeweils durch spezifische Expertise gekennzeichnet. Unter der Auffassung von Fachberatung als Expertise subsumieren wir jedoch ein Selbstverständnis, das spezielles Fachwissen zu transportieren trachtet und für herangetragene Probleme der Beratenen eigene expertokratische Lösungsvorschläge unterbreitet. Damit korrespondieren Tätigkeiten wie die Planung und Organisation oder sogar die eigene Durchführung von Fort- und Weiterbildungen sowie die Entwicklung und/oder Organisation von Projekten. In der Faktorenanalyse mit den in der WiFF-Befragung erhobenen Arbeitsanteilen von Fachberatung laden diese auf dem Faktor, der die meiste Varianz erklärt. Das bedeutet, dass diese Profilierung sich am deutlichsten von anderen Arbeitstätigkeiten von Fachberatung abhebt. In den Kreuztabellierungen zeigte sich, dass solche Tätigkeiten vor allem von erfahrenen Fachberatungen praktiziert werden, die – entgegen der Empfehlung des Deutschen Vereins – diese nutzen, um ihre Expertise gezielt für die von ihnen beratenen Einrichtungen fruchtbar zu machen. Möglicherweise korrespondiert damit auch eine eigene berufliche Habitusformation, die wir jedoch nicht rekonstruieren konnten, weil wir nur über das Material von Beratungsgesprächen, nicht aber von Fort- und Weiterbildungen verfügten.

Zwei Faktoren ähnlicher Arbeitstätigkeiten von Fachberatung entsprechen keinem bestimmten beruflichen Selbstverständnis oder Beratungstypus, weil sie jeweils ganz unterschiedlich ausgeführt werden können. Es handelt sich um kita-bezogene Aufgaben im engeren Sinne wie Fallbesprechungen, Beratung und Begleitung von Leitungen, pädagogischen Fachkräften und Teams sowie Konzeptions- und Organisationsentwicklung von Kindertageseinrichtungen auf der einen Seite und trägerorientierten Organisationsaufgaben und Beratungen sowie Gremienarbeit auf der anderen Seite. Während sich Fachberatungen in den Arbeitsanteilen dieser Tätigkeiten am wenigsten unterscheiden (weshalb in der Faktorenanalyse mit den WiFF-Befragungs-Daten die beiden Faktoren auch die geringste Varianz erklären), differiert das »Wie« der Ausführung jedoch entsprechend den in unserer Forschung herausgearbeiteten Beratungstypen erheblich.

Mögliche Professionalisierungsformen von Fachberatung

Vor dem Hintergrund dieser Befunde zur aktiv gestaltenden Ausdifferenzierung von Fachberatung durch die in diesem Feld selbst beruflich Tätigen sowie den von uns rekonstruierten drei beruflichen Habitusformationen erscheint es weder realistisch noch sinnvoll, die Professionalisierung von Fachberatung spezialisierend nur in eine ganz bestimmte Richtung anzustreben. Als angemessener wie auch erfolgsverheißender dürften sich Professionalisierungsbestrebungen erweisen, die die in den rekonstruierten Habitusformationen schon angelegten reflexiven Potenziale zur Entfaltung bringen.

Der von uns als **erratisch** bezeichnete Habitus ließe sich so in Richtung der von Stefan Köngeter (2009) als »relationale Professionalität« bezeichneten Weise qualifizieren. Es ginge dabei um die Kompetenz, die Prozessualität und die thematischen Felder von Arbeitsbündnissen zu den verschiedensten AkteurInnen im Feld frühkindlicher Bildung in einer Weise reflexiv entwickeln und gestalten zu können, die »diesen neue Handlungsmöglichkeiten – für sich und in Auseinandersetzung mit anderen – [...] eröffnen« (ebd., S. 186).

Der **praxisberatende und kontrollvermeidende** Habitus ließe sich weiterentwickeln in Richtung des »›Konstruktionsprinzip‹ reflexiver Professionalität«, wie es von Dewe und Otto (2001, S. 1420) propagiert wird. Denn dieses Prinzip basiert zentral darauf, »mittels Fallrekonstruktion und wissenschaftlicher Reflexion« (ebd., S. 1419) einen »Problemzusammenhang« dergestalt zu »dekomponier[en]« (ebd.), dass »im Prozess der Relationierung von Wissens- und Urteilsformen das ›Neue‹ in Gestalt einer handhabbaren und lebbaren Problembearbeitung/-lösung gemeinsam hervorgebracht wird« (ebd., S. 1419f.).

Bezüglich des von uns als **strukturbezogen** bezeichneten Habitus gesteht Burkhard Müller zu, »dass sich das Problem [...] der Diskrepanz zwischen Professionalisierungsbedürftigkeit und faktischer Professionalität, als Frage nach der Qualität des ›organisationskulturellen Systems‹, des ›Settings‹ oder der ›praktischen Ideologie‹ [...] formulieren lässt« (2012, S. 970). Dies gilt wohl auch für den Bereich frühkindlicher Bildung und für die Fachberatung selbst. Im Unterschied zu Vorstellungen, durch eine Profilierung von Fachberatung als Organisationsberatung die Qualität und Professionalität frühkindlicher Bildung nachhaltig verbessern zu können, ist im Anschluss an Müller vor dem Missverständnis zu warnen, »als könne organisatorisches Qualitätsmanagement Professionalität herstellen« (ebd., S. 968). So ist bei einer Professionalisierung von Fachberatung im Hinblick auf die Begleitung einrichtungsspezifischer Entwicklungsprozesse einer »professionelle[n] Organisationskultur« (ebd.) zu berücksichtigen, dass diese gerade auch in der frühkindlichen Bildung »nur begrenzt technisch herstellbar ist, weil sie eine Wechselwirkung zwischen einer organisatorischen Struktur und den diese im Handeln reproduzierenden Akteurinnen ist« (ebd.).

Zudem weist Müller daraufhin, dass »auch das Eingelassensein in institutionelle Strukturen und auferlegte Relevanzen [...] die Bewältigung spannungsvoller Balanceakte [verlangt], z.B. Antworten auf Fragen des Typs, wie es möglich ist, als loyale Mitarbeiterin einer Verwaltung glaubwürdig zu sein und zugleich als engagierte und kompetente Partnerin von Klienten ernst genommen zu werden?« (ebd., S. 967). Der reflexive Umgang mit solchen Spannungsverhältnissen wie auch weiteren Dilemmata von Fachberatung, die je nach ihrem Erbringungskontext noch einmal ganz eigens akzentuiert sind, wäre aber auch bei den an die anderen beiden Habitusformationen anschließenden Professionalisierungsansätzen eine der zentralen Aufgaben.

Literatur

Bohnsack, R. (2007): Typenbildung, Generalisierung und komparative Analyse: Grundprinzipien der dokumentarischen Methode. In: R. Bohnsack, I. Nentwig-Gesemann & A.-M. Nohl (Hrsg.): Die dokumentarische Methode und ihre Forschungspraxis. Grundlagen qualitativer Sozialforschung. 2., erweiterte und aktualisierte Auflage. Wiesbaden: VS, S. 225–253.

Dewe, B. & Otto, H.-U. (2001): Profession. In: H.-U. Otto & H. Thiersch (Hrsg.): Handbuch Sozialarbeit, Sozialpädagogik. 2., völlig überarb. Aufl. Neuwied: Luchterhand, S. 1399–1423.

Köngeter, S. (2009): Relationale Professionalität. Eine empirische Studie zu Arbeitsbeziehungen mit Eltern in den Erziehungshilfen. Baltmannsweiler: Schneider Hohengehren.

Leygraf, J. (2013): Fachberatung in Deutschland. Eine bundesweite Befragung von Fachberaterinnen und Fachberatern für Kindertageseinrichtungen: Zehn Fragen – Zehn Antworten. München (WiFF Studie 20). www.weiterbildungsinitiative.de/publikationen/details/data/fachberatung-in-deutschland.

May, M.; Remsperger, R. & Weidmann, S. (2014): Habitus und Professionalisierung von Fachberatung in Kindertageseinrichtungen. In: A. König, H.R. Leu & S. Viernickel (Hrsg.): Perspektive Frühe Bildung. Weiterbildung als Motor für Qualität: Kompetenzorientierung und Durchlässigkeit. 1. Aufl. Weinheim: Beltz Juventa, S. 222–237.

Müller, B. (2012): Professionalität. In: W. Thole (Hrsg.): Grundriss Soziale Arbeit. Ein einführendes Handbuch. 4. Aufl. Wiesbaden: VS, S. 955–974.

Schaarschuch, A. (1996): Dienst-Leistung und Soziale Arbeit. Theoretische Überlegungen zur Rekonstruktion Sozialer Arbeit als Dienstleistung. In: Widersprüche Redaktion (Hrsg.): Klienten, Kunden, Könige oder: Wem dient die Dienstleistung. Offenbach/Main: Verlag 2000, S. 87–97.

Schütze, F. (2000): Schwierigkeiten bei der Arbeit und Paradoxien des professionellen Handelns. Ein grundlagentheoretischer Aufriss. Zeitschrift für qualitative Bildungs-, Beratungs- und Sozialforschung 1 (1).

Steinert, H. (1998): Gegenübertragung und die Analyse des Arbeitsbündnisses. In: H. Steinert (Hrsg.): Zur Kritik empirischer Sozialforschung. Frankfurt/M.: Studientexte zur Sozialwissenschaft, S. 70–79.

Weber, M. (1988): Gesammelte Aufsätze zur Religionssoziologie. 9. Aufl. Tübingen: Mohr.

Die Kunst der Balance in einem heterogenen Feld
Forschungsstand zur Fachberatung und wider das Blackbox-Gerede

Elke Alsago | Maria-Eleonora Karsten

Kein Fachtag für FachberaterInnen und über Fachberatung von Kindertageseinrichtungen beginnt seit rund 30 Jahren ohne ein Statement darüber, dass »wir« (gemeint ist »die Wissenschaft«) wenig bis gar nichts über die Fachberatung wissen. Diese Statements sind umso erstaunlicher, weil eben jene FachberaterInnen, die als Blackbox bezeichnet werden, in der Regel direkt vor den ReferentInnen im Plenum sitzen.

> Eine Blackbox kann wie folgt definiert werden: **»Device, process, or system, whose inputs and outputs (and the relationships between them) are known, but whose internal structure or working is (1) not well, or at all, understood, (2) not necessary to be understood for the job or purpose at hand, or (3) not supposed to be known because of its confidential nature«** (WebFinance Inc.).

Eine Blackbox ist nach dieser Definition also ein geschlossenes System, bei dem bekannt ist, welcher Input geleistet wird und welcher Output als Ergebnis eines Prozesses innerhalb der Box am Ende steht. Das heißt, die »Blackbox« Fachberatung offenbart den »Input« und den »Output«. Alles, was sich in ihrem Inneren abspielt, wird nicht verstanden oder nur schlecht verstanden bzw. ist nicht notwendig zu verstehen oder ist zu vertraulich, um verstanden werden zu können.

Bislang jedoch haben sich die wenigen wissenschaftlichen Studien vor allem mit den Bedingungen von Fachberatung beschäftigt, selten mit Beratungsprozessen oder deren Bedeutung. Das redundante Gerede von der Blackbox offenbart, dass von »der Wissenschaft« bislang um das tatsächliche Fachberatungshandeln ein Bogen gemacht wurde. Fehlt es an Kenntnissen des Feldes oder wird die Arbeit der FachberaterInnen nicht für wichtig erachtet oder steht diese eventuell sogar in Konkurrenz zur Wissenschaft?

Die Studien im Überblick

Wer also Antworten, vielleicht sogar empirisch gehaltvolle, erwartet, wird zumindest bezogen auf das Beratungshandeln geradezu enttäuscht. Zu nennen sind in der Chronologie insgesamt folgende wissenschaftliche Studien:

1984:
Hebenstreit, Sigurd: Fachberatung für Tageseinrichtungen für Kinder. Konzeption, Arbeitsfeld und berufliches Selbstbild

1996:
Strätz, Rainer: Neue Konzepte für Kindertageseinrichtungen. Eine empirische Studie zur Situations- und Problemdefinition der beteiligten Interessengruppen

2002:
Miedaner, Lore: »Balanceakt Fachberatung«

2008:
Sozialministerium Sachsen (Hrsg.): Evaluierung der Personalausstattung in Kindertageseinrichtungen sowie Struktur und Angebote der Fachberatung für Kindertageseinrichtungen und Kindertagespflege in Sachsen

2008:
Hense, Margarita: Zur Wirksamkeit der Fachberatung. Eine empirische Studie. Dissertation

2013:
Leygraf, Jan: Fachberatung in Deutschland. Eine bundesweite Befragung von Fachberaterinnen und Fachberatern für Kindertageseinrichtungen: Zehn Fragen – Zehn Antworten

2014:
Ehrhardt, Angelika; May, Michael; Remsperger, Regina; Schmidt, Michael & Weidmann, Stefan: Abschlussbericht des AWiFF-Projektes »Die Rolle von Fachberatung im System der Entwicklung von Qualität in der frühen Bildung«

2017:
Bundesministerium für Familien, Senioren, Frauen und Jugend (Hrsg.): Zoom auf: Fachberatung. Unter Mitarbeit von Ramboll Management Consulting

Die Ziele der vorliegenden Studien

Im Fokus der Studien von Hebenstreit (1984), Strätz (1996), Miedaner (2002), dem Sozialministerium Sachsen (2008) und Leygraf (2013) standen die Rahmenbedingungen, in denen Fachberatung stattfindet. Außerdem wurde nach Aufgabenprofilen und Arbeitsformen gefragt. Hebenstreit formuliert außerdem das Ziel, »grundlegende Berufsprobleme« aus der Sicht der Betroffenen (1984, S. 220) darzustellen. In allen fünf Studien wurden die FachberaterInnen selbst befragt. In den Untersuchungen von Strätz und des Sozialministeriums Sachsen wurden darüber hinaus auch LeiterInnen und MitarbeiterInnen von Kindertageseinrichtungen einbezogen.

In den beiden Studien von Hense sowie Ehrhardt und KollegInnen steht das Verhältnis zwischen BeraterIn und pädagogischen Fachkräften im Mittelpunkt. Bei Hense geschieht dies unter dem Aspekt der Wirksamkeit von Fachberatung, der aus den Ergebnissen einer quantitativen Befragung der »Erzieherinnen« aus Kindertageseinrichtungen abgeleitet wird. Bei Ehrhardt und KollegInnen stehen das Selbstverständnis und die Beratungspraxis der FachberaterInnen im Fokus.

Bei der von Ramboll durchgeführten Befragung geht das Ziel der Untersuchung nicht aus den vom Bundesministerium für Familie, Senioren, Frauen und Jugend zur Verfügung gestellten Unterlagen hervor (vgl. BMFSFJ 2017).

Welche FachberaterInnen wurden befragt?

Die ersten Studien befassten sich mit den FachberaterInnen für Kindertageseinrichtungen der freien Wohlfahrtspflege in Nordrhein-Westfalen, bei Strätz auch in Bayern und Brandenburg (vgl. Hebenstreit 1984; Strätz 1996). Miedaner zog 2002 die Perspektive der kommunalen FachberaterInnen aus Baden-Württemberg hinzu. Die Evaluation in Sachsen (2008) bezog sich auf die FachberaterInnen aller Träger in Sachsen. Bei der Untersuchung von Hense ist unklar, um welche FachberaterInnen und welche Trägerkontexte es sich genau handelt. Befragt wurde ErzieherInnen in Kindertageseinrichtungen in den Bundesländern Bayern, Brandenburg, Nordrhein-Westfalen, Rheinland-Pfalz und Sachsen (vgl. Hense 2008).

Innerhalb der WIFF-Studie zur Fachberatung (Leygraf 2013) wurde, ähnlich wie in Sachsen, eine Vollerhebung auf Bundesebene angestrebt. Das heißt, es wurde versucht, die FachberaterInnen der unterschiedlichen Träger zu recherchieren und zu befragen. Angeschrieben wurden 1.199 Personen. An der Befragung nahmen dann rund 52 Prozent teil. In die Ergebnisse konnten die Antworten von 659 FachberaterInnen einbezogen werden (ebd.).

Die Studie von Ehrhardt und KollegInnen beruhte neben dem qualitativen Forschungsteil auf statistischen Daten aus dem gesamten Bundesgebiet, die eigenen Erhebungen wurden in neun Bundesländern durchgeführt. Bei der Bildung der Stichprobe wurde die Heterogenität der Träger von Fachberatung berücksichtigt (Ehrhardt et al. 2014).

In der Befragung von Ramboll schließlich wurden 367 FachberaterInnen befragt, deren Trägerkontexte in der Untersuchung nicht erhoben wurden. Unklar ist ebenfalls, wie und welche FachberaterInnen angeschrieben wurden. Gleichzeitig scheinen JugendamtsmitarbeiterInnen und Fachkräfte von Kindertageseinrichtungen befragt worden zu sein.

Die Stichproben der Studien sind somit jeweils sehr begrenzt und die Befunde dementsprechend mit geringer Reichweite sowie nur kontextualisiert einzuordnen.

Ergebnisse der vorliegenden Studien

Heterogenität des Feldes

Übereinstimmend stellen die Studien von Hebenstreit (1984), Strätz (1996), Miedaner (2002), des Sozialministeriums Sachsen (2008) und von Leygraf (2013) die große Heterogenität des Feldes fest. Diese Heterogenität zeigt sich sowohl in den Rahmenbedingungen als auch in den Zuständigkeiten und Aufgaben von Fachberatung. So differiert zum Beispiel die Relation der von einem/r FachberaterIn zu betreuenden Kindertageseinrichtungen zwischen einigen wenigen bis hin zu weit über hundert. Dieses Phänomen zeigt sich über die ganze Zeit, in denen die Studien stattgefunden haben – von 1984 bis heute. Ähnlich verhält es sich mit den Qualifikationen der FachberaterInnen. Gleichbleibend seit 1984 sind circa drei Viertel der FachberaterInnen AkademikerInnen und etwa ein Viertel ErzieherInnen mit Fachschulabschluss. Beide Gruppen konnten vor der Aufnahme der Beratungstätigkeit langjährige Berufserfahrung sammeln. Dies zeigen übereinstimmend die Ergebnisse von Hebenstreit, aus Sachsen, von Leygraf und Ramboll.

In Sachsen stellte sich heraus, dass die FachberaterInnen der freien Träger häufig besser qualifiziert sind als die der kommunalen Träger. Ergänzend dazu konnte Leygraf feststellen, dass seit etwa dem Jahr 2006 vermehrt jüngere FachberaterInnen mit wenig Berufserfahrung eingestellt werden.

Den Untersuchungen (Hebenstreit, Strätz, Miedaner, Leygraf, Ramboll) gemeinsam ist das Ergebnis, dass die Fortbildungsmöglichkeiten für FachberaterInnen sowohl quantitativ als auch qualitativ zu gering bzw. nicht vorhanden sind. Es besteht für sie nahezu keine Möglichkeit der Weiterqualifikation im Beruf.

Arbeitsformen und Aufgabenprofile

Die älteren Studien (Hebenstreit, Strätz, Miedaner) fragten nach »Arbeitsformen« oder »Beratungsformen« (Sachsen) der Fachberatung. Gemeint ist damit, *wie* die FachberaterInnen ihre Beratung arrangieren – also die Gestaltung der Beratungsprozesse. Hier lassen sich in den Studien Übereinstimmungen finden: Sowohl Hebenstreit als auch Strätz und Miedaner sehen einrichtungsübergreifende Arbeitskreise für LeiterInnen und MitarbeiterInnen als häufigste Arbeitsform, gefolgt von dem Gespräch zwischen FachberaterIn und LeiterIn. Einzelberatung der pädagogischen Fachkräfte in den Gruppen ist dagegen eher selten.

Dies wird in den Studien von den FachberaterInnen selbst (Hebenstreit, Strätz, Miedaner) und auch von den pädagogischen Fachkräften (Strätz, Sachsen, Hense) kritisch herausgestellt. Begründet wird der Mangel an Beratung für die Gruppenkräfte aufgrund der Inanspruchnahme der FachberaterInnen durch fachberatungsfremde Aufgaben, meist Verwaltungsaufgaben. Diese Argumentation findet sich bei Hebenstreit, Strätz, Miedaner, in Sachsen und bei Leygraf.

In den neueren Studien werden nicht die »Arbeitsformen« erhoben, sondern die »Aufgabenprofile«. Bei Leygraf setzt sich das Aufgabenprofil aus folgenden Bausteinen zusammen:
1. »Kita-bezogene Aufgaben im engeren Sinne
2. Koordination und Vernetzung
3. Qualifizierung der Fachkräfte
4. Trägerorientierte Aufgaben
5. Qualitätssicherung und -management
6. Administration und Kontrolle« (2013, S.16)
Diese Aufgaben werden dann in Unteraufgaben weiter ausdifferenziert.

Ähnlich verhält es sich bei Ramboll: Die Aufgaben waren im Fragebogen vorgegeben, und die FachberaterInnen sollten nur beantworten, ob sie mit diesen Tätigkeiten beschäftigt sind – und nicht, wie sie diese gestalten oder mit welcher Intensität bzw. welchem Anspruch sie diese ausführen. Die Ergebnisse aller Studien zeigen, dass sich die FachberaterInnen durch Verwaltungsaufgaben bzw. fachberatungsfremde Aufgaben belastet fühlen. Was unter »fachfremden« Aufgaben zu verstehen ist, bleibt jedoch unklar. Entsprechend unklar ist dann im Umkehrschluss, was fachliche Aufgaben darstellen. Leygraf (2013) fragte auch nach den Veränderungen der Aufgaben. Hier spiegeln sich in den Ergebnissen die aktuellen Herausforderungen zum Zeitpunkt der Befragung, zum Beispiel der Ausbau der Plätze für die unter Dreijährigen und die Einführung von Qualitätsmanagement, wider.

Dienst- und Fachaufsicht

Ob und wie Fachberatung mit Aufsichtsaufgaben verbunden ist, wurde zunächst eher selten betrachtet. Bei Miedaner (2002) wird deutlich, dass die BeraterInnen selbst diese Aufgaben als positiv bewerten, weil sie ihre eigene Arbeit dann als erfolgreicher einschätzen.

In der »Sachsen-Studie« wurde dann das erste Mal quantitativ nach Dienst- und Fachaufsicht gefragt. Dabei wurde deutlich, dass etwa 5,5 Prozent der Fachberaterinnen diese Aufgabe übernehmen (vgl. Sächsisches Staatsministerium für Soziales 2008). Im gesamten Bundesgebiet liegt der Anteil der FachberaterInnen, die Dienst- und Fachaufsicht ausüben, deutlich höher. Leygraf (2013) sieht hier eine Veränderung der Aufgabenzuschnitte von FachberaterInnen in Richtung Dienst- und Fachaufsicht. Beim Träger Arbeiterwohlfahrt üben 84 Prozent der FachberaterInnen Aufsicht aus, bei den kommunalen Trägern sind es etwas weniger. Auch bei den konfessionellen Trägern kommt die Kombination Aufsicht und Beratung seltener vor (vgl. Leygraf 2013). Die Tendenz ist jedoch insgesamt steigend.

Gerade in den östlichen Bundesländern formulieren die FachberaterInnen den Anspruch, beraten und nicht kontrollieren zu wollen. Dies führen Ehrhardt und KollegInnen auf die Geschichte zurück: Die FachberaterInnen distanzieren sich damit explizit von der »alten DDR-Fachberatung« (Ehrhardt et al. 2014, S. 50).

Fachberatung sowie Dienst- und Fachaufsicht fallen besonders dort zusammen, wo die FachberaterInnen für viele Einrichtungen zuständig sind. Oft sind sie auch schlechter qualifiziert als ihre KollegInnen und haben weniger Berufserfahrung. Zu ihren Aufgaben gehören eher »Controlling«-Aufgaben in Form von Qualitätsmanagement. Ehrhardt und KollegInnen vermuten eine möglicherweise »Neuausrichtung von Fachberatung« (2014, S. 48f.).

In den Studien finden sich auch Hinweise darauf, dass die Aufgabenkombination von Beratung und Aufsicht pädagogische Fachkräfte davon abhält, Beratung in Anspruch zu nehmen; in der Studie von Ramboll betrachten 15 Prozent diese Aufgabenkombination als Ausschlusskriterium für eine Beratung (vgl. Bundesministerium für Familien, Senioren, Frauen und Jugend 2017).

Selbstverständnis der FachberaterInnen

Die Studien zeigen auch, wie FachberaterInnen sich selbst und ihre Aufgaben verstehen. In den frühen Studien stellen Hebenstreit (1984), Strätz (1996) und Miedaner (2002) heraus, dass sie sich als Interessenvertretung der Mädchen und Jungen sehen. Sie versuchen, zwischen den MitarbeiterInnen der Kitas und dem Träger eine eher »neutrale«, vermittelnde Rolle einzunehmen. Gleichzeitig verstehen sie sich als »BeratungspartnerInnen« der MitarbeiterInnen der Kindertageseinrichtungen. Die Studie aus Sachsen und die Studien von Hense und Leygraf geben keinerlei Aufschluss über das Selbstbild der BeraterInnen. In der Studie von Ehrhardt und KollegInnen wurde das Selbstbild der FachberaterInnen explizit untersucht. Der Idealtypus von Beratung lässt sich unter die folgenden Kategorien fassen: Ermöglichen, Umsorgen, Krisenintervention, Dienstleistung, Expertise, Vermitteln und Monitoring (Ehrhardt et al. 2014).

Erwartungen an FachberaterInnen

In den Studien von Strätz, Miedaner, Sachsen, Hense sowie Ehrhardt und KollegInnen werden auch die Erwartungen der pädagogischen Fachkräfte in den Kindertageseinrichtungen an die FachberaterInnen dargestellt. Insgesamt erscheinen die Fachkräfte mit der Fachberatung relativ zufrieden. Die Kritik an dem mangelnden Kontakt zwischen Gruppenkräften und FachberaterInnen zieht sich jedoch durch die Studien.

In der Studie von Miedaner wird die Erwartung deutlich, dass die FachberaterInnen die Interessen der Fachkräfte gegenüber dem Träger vertreten. Ähnliche Ergebnisse finden sich auch bei Ehrhardt und KollegInnen. Hier wird der Wunsch nach »Stärkung nach innen und außen« formuliert (vgl. Ehrhardt et al. 2014) – ebenfalls im Sinne einer (professionellen) Interessenvertretung gegenüber Träger, Politik und Verwaltung, ergänzt um die Aspekte der Unterstützung und der Rückendeckung der Kita-Fachkräfte (ebd.).

Bei Hense stehen die Erwartungen der »Erzieherinnen« (vermutlich Fachkräfte in den Kindertageseinrichtungen) im Mittelpunkt der Ausführungen. Daraus argumentiert Hense die Wirksamkeit bzw. »eingeschränkte« Wirksamkeit der Fachberatung.

Die »Erzieherinnen« erwarten mehr »Praxisnähe«, Beratungskompetenz und praktische Fertigkeiten im Elementarbereich (vgl. Hense 2008).

Balanceakt

Deutlich wird in den Studien, dass sich die FachberaterInnen zwischen den Rahmenbedingungen, den Erwartungen von außen, eigenen Ansprüchen und den gesellschaftlichen Veränderungen verorten und ausbalancieren müssen. Hebenstreit (1984) betont so, dass die Fachberatung in einem Spannungsfeld zwischen den unterschiedlichen Erwartungen der pädagogischen Fachkräfte und des Trägers steht. Außerdem ergibt sich für die Fachberatung ein »Druck« durch die

Spannung zwischen alltäglichen Problemen der Kindertageseinrichtungen und der politischen, gesellschaftlichen Situation.

Auch die Studie »Balanceakt Fachberatung« (Miedaner 2002) greift genau diese Phänomene auf. Das von Hebenstreit beschriebene Spannungsfeld wird hier um den Aspekt des Legitimationsdruckes ergänzt, das besonders bei Fachberater-Innen zu beobachten ist, die keine Dienst- und/oder Fachaufsicht besitzen.

Hinweise auf den »Balanceakt« zwischen den verschiedenen Ansprüchen gibt es ebenfalls bei Ehrhardt und KollegInnen. Hier wird deutlich, wie weit die Qualitätsansprüche an die Fachberatung vonseiten der BeraterIn selbst und der pädagogischen Fachkräfte auseinandergehen. In diesem Zusammenhang wird der »erratische Habitus« definiert (siehe auch den Beitrag auf S. 61ff.), der besonders bei FachberaterInnen zu beobachten ist, die vorher selbst in der Kita tätig waren. Dieser Habitus zeichnet sich durch »subtile Kalibrierung« des Beratungsverhaltens je nach Situation und Interesse des Gegenübers aus (Ehrhardt et al. 2014, S. 50f.) und macht damit ebenfalls den »Balanceakt« deutlich.

Anstehende Forschungsfragen

Das heterogene Feld der Fachberatung spiegelt die Unterschiedlichkeit der Trägerlandschaft wider. Doch stellt die Trägerforschung bislang eine eklatante Forschungslücke dar. Die FachberaterInnen werden zur Unterstützung der Kindertageseinrichtungen und der Trägerorganisation von den Trägern eingesetzt. Rahmenbedingungen, Aufgaben und auch die Ausübung der Fachberatung sind so wesentlich von den TrägervertreterInnen bestimmt.

Hier gilt es herauszufinden: Wie haben sich die Unterstützungssysteme, die den LeiterInnen und MitarbeiterInnen der Kindertageseinrichtungen zur Verfügung stehen, entwickelt – bei den jeweiligen Trägern, in den unterschiedlichen Regionen? Und wie sehen sie aktuell aus? Welche Interessen verfolgen die Träger bei der Realisierung des jeweiligen Unterstützungssystems? Wie ist die Beratung in das Unterstützungssystem eingebunden? Welche anderen Aufgaben gibt es (pädagogische Leitung, Geschäftsführung, Finanzverwaltung etc.), und durch wen werden sie wie wahrgenommen?

Gerade in diesem Zusammenhang muss dringend eine Differenzierung vorgenommen und die vielfach »beschworene« Heterogenität ernst genommen werden. Bislang scheint jede Aufgabe im Unterstützungssystem irgendwie unter Fach-»Beratung« gefasst zu werden. Dies führt dazu, dass umfassende Aufgabenprofile erhoben werden und sich dennoch über die Beratung als Interaktion und als Lehr-Lern-Prozess zwischen MitarbeiterInnen/LeiterInnen und Fachberater-Innen kein Bild gemacht werden konnte.

Auch die Bedeutung der Beratung für die (Qualitäts-)Entwicklung der Kindertageseinrichtungen wurde bislang nicht in den Blick genommen. Nur Honig und KollegInnen konnten in ihrer Untersuchung, die auf die Realisierung des Niedersächsischen Orientierungsplanes in den Kindertageseinrichtungen fokussierte, Folgendes beobachten: Einrichtungen, die sich durch trägerinterne Fachberatung und Fortbildung gut unterstützt fühlten, zeigten eher die Bereitschaft, sich mit Verfahren der Qualitätsentwicklung und -sicherung zu beschäftigen. Sie wiesen darüber hinaus eine intensivere Kooperation mit den Eltern auf, berücksichtigten in der individuellen Entwicklungsdokumentation zumeist *alle* Kinder und orientierten sich in ihrer pädagogischen Konzeption am Orientierungsplan (vgl. Honig, Schreiber & Netzer 2006). Die MitarbeiterInnen dieser Einrichtungen waren also bereit, sich (neuen) pädagogischen Herausforderungen zu stellen sowie sich selbst und ihre Einrichtung weiterzuentwickeln. Die Gestaltung dieser Beratungs- und Bildungsprozesse bleibt jedoch auch hier offen.

Aufgabe der Forschung wäre es so, (Gelingens-)Bedingungen für Lehr-Lernprozesse zwischen FachberaterInnen und pädagogischen Fachkräften in Kitas zu erarbeiten. Diese Ergebnisse könnten sicher dazu beitragen, die Tätigkeit der FachberaterInnen zu professionalisieren, weiterzuentwickeln und damit einen Beitrag dazu zu leisten, dass Kindertageseinrichtungen sich aktuellen sozialpolitischen, gesellschaftlichen und pädagogischen Herausforderungen stellen können.

Gleiches gilt für die anderen Bereiche, in denen FachberaterInnen vermittelnd, arrangierend, übersetzend tätig sind: in der Jugendhilfeplanung, in Netzwerken, regionalen Projekten, Kooperationen zwischen Kindertageseinrichtungen und Schulen, Fach- und Hochschulen. Hier muss die Forschung dringend ihren Beitrag leisten, die Ausgestaltung dieser Prozesse wissenschaftlich zu erarbeiten und zu unterstützen. Gemeinsame Forschungsprojekte von Praxis und Wissenschaft etwa im Sinne der Aktionsforschung oder der Idee der Transferprojekte in der ersten *nifbe*-Förderphase (z. B. das Projekt Stader BeMJEP, Alsago et al. 2012) wären eine Möglichkeit, aktuellen Herausforderungen reflexiv und gleichzeitig erkenntnisgenerierend zu begegnen.

Es ist Aufgabe der Wissenschaft, die heterogene Landschaft und ihre AkteurInnen zu verstehen, ihre Strukturen und Muster zu erkennen und sich ein Bild von der individuellen und kollektiven Ausgestaltung zu machen. Das Gerede von der »Blackbox« hilft da wohl nicht weiter …

Literatur

Alsago, E.; Handelsmann, R.; Karsten, M.-E. & Lenck, B. (2012): Abschlussbericht Stader BeMJEP. Begleitung der Mädchen und Jungen vom Elementar- in den Primarbereich. Hrsg. v. Evangelische Erwachsenenbildung Niedersachsen (Arbeitsgemeinschaft Nord). www.eeb-stade.de/fileadmin/user_upload/nifbe/AbschlussberichtStaderBeMJEP_END_UEberarbeitung_EA-RH-07-2012.pdf (letzter Zugriff: 08.03.2013).

Bundesministerium für Familien, Senioren, Frauen und Jugend (Hrsg.) (2017): Zoom auf: Fachberatung. Unter Mitarbeit von Ramboll Management Consulting (Kindertagesbetreuung Zoom). www.fruehe-chancen.de/fileadmin/Bilder/Fruehe_Chancen/KitaZoom/170424_Kita_Zoom_1_Fachberatung.pdf (letzter Zugriff: 01.05.2017).

Bundesministerium für Familien, Senioren, Frauen und Jugend (Hrsg.) (2017): Zoom auf: Fachberatung. Tabellenband. Befragungsergebnisse zum Thema Fachberatung in der Kindertagesbetreuung. Unter Mitarbeit von Ramboll Management Consulting. www.fruehe-chancen.de/fileadmin/Bilder/Fruehe_Chancen/KitaZoom/KindertagesbetreuungZoom1_Tabellenband.xls (letzter Zugriff: 01.05.2017).

Ehrhardt, A.; May, M.; Remsperger, R.; Schmidt, M. & Weidmann, S. (2014): Abschlussbericht des AWiFF-Projektes »Die Rolle von Fachberatung im System der Entwicklung von Qualität in der frühen Bildung«. Hochschule RheinMain. Wiesbaden, Rüsselsheim.

Hebenstreit, S. (Hrsg.) (1984): Fachberatung für Tageseinrichtungen für Kinder. Konzeption, Arbeitsfeld und berufliches Selbstbild. München: DJI.

Hense, M. (2008): Zur Wirksamkeit der Fachberatung. Eine empirische Studie. Dissertation. Fakultät für Psychologie und Sportwissenschaft der Universität Bielefeld. http://d-nb.info/994439415/34 (letzter Zugriff: 24.03.2014).

Honig, M.-S.; Schreiber, N. & Netzer, K. (2006): Begleitstudie zur Umsetzung des »Orientierungsplans für Bildung und Erziehung im Elementarbereich niedersächsischer Tageseinrichtungen für Kinder« im Auftrag des niedersächsischen Kultusministeriums. Ergebnisse der Leitungsbefragung. Universität Trier. www.mk.niedersachsen.de/download/4764/Begleitstudie_zur_Umsetzung_des_Orientierungsplans_fuer_Bildung_und_Erziehung_im_Elementarbereich_niedersaechsischer_Tageseinrichtungen_fuer_Kinder_im_Auftrag_des_Niedersaechsischen_Kultusministeriums_Ergebnisse_der_Leitungsbefragung.pdf (letzter Zugriff: 26.11.2015).

Leygraf, J. (2013): Fachberatung in Deutschland. Eine bundesweite Befragung von Fachberaterinnen und Fachberatern für Kindertageseinrichtungen: Zehn Fragen – Zehn Antworten. Eine Studie der Weiterbildungsinitiative Frühpädagogische Fachkräfte (WiFF). München: DJI. www.weiterbildungsinitiative.de/uploads/media/Studie_Leygraf_Fachberatung_web.pdf (letzter Zugriff: 06.04.2017).

Miedaner, Lore (Hrsg.) (2002): Balanceakt Fachberatung. Fachberatung für Kindertageseinrichtungen im Spannungsfeld zwischen Anspruch und Alltag. FH Esslingen – Hochschule für Sozialwesen: Esslingen.

Strätz, R. (1996): Neue Konzepte für Kindertageseinrichtungen. Eine empirische Studie zur Situations- und Problemdefinition der beteiligten Interessengruppen. Landesbericht. Nordrhein-Westfalen. Köln.

WebFinance Inc. (Hrsg.): blackbox. Definition. BusinessDictionary. www.businessdictionary.com/definition/black-box.html (letzter Zugriff: 28.05.2017).

Teil II

Praxisaspekte der Fachberatung

Die Kunst der Vermittlung
Zur Brückenfunktion von Fachberatung

Stephanie Emmel | Thomas Bialluch

In kaum einem Bildungsbereich haben sich in den letzten 20 Jahren so große Veränderungen und Innovationen gezeigt, wie im Bereich der Frühkindlichen Bildung, Erziehung und Betreuung. In der Praxis besteht jedoch immer noch ein äußerst heterogenes Bild: Es gibt Kitas, die in den letzten 20 Jahren intensive Metamorphosen durchlebt und gestaltet haben, und Kitas, bei denen der Eindruck entsteht, als ob die Zeit stehengeblieben sei.

Dass die Qualität pädagogischer Prozesse in den Einrichtungen nicht durchgehend gesichert ist, führt uns unter anderem die NUBBEK-Studie vor Augen: Unbefriedigende Qualität in der einen Einrichtung steht direkt neben guter Qualität in der anderen. Das im Durchschnitt nur mittelmäßige Niveau der pädagogischen Prozessqualität in Einrichtungen, bei einem bemerkenswert hohen Anteil von Gruppen mit unzureichender Qualität, kann nicht befriedigen. Die Ergebnisse rufen nach Verbesserungen. Es bedarf eines öffentlichen Verständigungsprozesses, welche pädagogischen Prozessqualitäten als Basis für Kindertageseinrichtungen gelten müssen.

Blickt man von der direkten Praxis auf die Begleitsysteme der Frühkindlichen Bildung, geraten schnell die Fachberaterinnen und, noch selten, Fachberater in den Fokus. Fachberatungen verfügen im Allgemeinen über ein fundiertes, umfangreiches Wissen im Gesamtsystem der Kinder- und Jugendhilfe und übernehmen im Frühkindlichen Bildungsbereich wichtige Brücken- und Steuerungsfunktionen. Sie vermitteln zwischen den verschiedenen Ebenen: den Kita-Trägern, der Politik, der Wissenschaft sowie der Praxis.

Fachberatung wirkt auf vielen Ebenen

Fachberatungen arbeiten in einem ständigen Veränderungsprozess, weil gesamtgesellschaftliche Herausforderungen auf das Feld der Frühkindlichen Bildung und Entwicklung einwirken. Die gesamtgesellschaftlich hohe Bedeutung der Kindertagesbetreuung und der politische Fokus auf die Verbesserung der frühkindlichen Bildung sind impulsgebende Themen für Fachberatung. Die Anforderungen an Fachberatung sind gleichermaßen hoch wie breit angelegt, sodass schnell die Vorstellung einer »eierlegenden Wollmilchsau« aufkommt. In diesem Sinne wirkt die Fachberatung auch auf vielen Ebenen:

Trägerebene
Die Träger werden von der Fachberatung unter anderem zu Veränderungen und Entscheidungen beraten, zum Beispiel bei der Umsetzung von neuen gesetzlichen Vorgaben, beim Ausbau von Kita-Plätzen, bei der Beteiligung an Modellprojekten, zu Bundesprogrammen, zur Personalentwicklung, zu Umstrukturierungsmaßnahmen, zu Neubaumaßnahmen und zur Sicherung der Rechte aller Kinder auf eine qualitativ hochwertige Bildung, Erziehung und Betreuung.

Politikebene
Fachberatungen übernehmen außerdem Transferleistungen zwischen Fachpraxis und Politik, indem sie zum Beispiel an politischen Sitzungen oder Podiumsdiskussionen teilnehmen und Politik mit Zustimmung der Träger in themenbezogene Fachtagungen und Arbeitskreise einbeziehen oder Anliegen der Praxis in politischen Ausschüssen moderieren und präsentieren. Ihre Stellungnahmen oder zusammenfassenden Positionen von Themen in Drucksachen sind maßgeblich, denn sie wirken in den Vorlagen für politische Entscheidungen zielsteuernd mit.

Wissenschaftliche Ebene
Fachberatungen sind in der Wissenschaft vertreten, setzen sich mit neuen wissenschaftlichen Erkenntnissen auseinander, engagieren sich für den Praxistransfer und sind an Transfer- und Vernetzungsprozessen beteiligt. Sie können die Erprobung und Umsetzung wissenschaftlicher Erkenntnisse in der Praxis unterstützen, mit der Praxis reflektieren und unter anderem Weiterbildungskonzepte initiieren. Sie befinden sich in einem ständigen Veränderungs- und Weiterbildungsprozess.

Praxisebene

Die Praxis wird in Qualitätsmanagementprozessen durch Fachberatungen unterstützt und begleitet. Kitas sind lernende Organisationen, die fortwährend an ihrer fachlichen und qualitativen Weiterentwicklung arbeiten müssen. So können pädagogische Konzepte von der Fachberatung in ihrer Wirksamkeit überprüft und damit die Transfersicherung und Nachhaltigkeit in der Praxis umgesetzt werden. Fachberatung unterstützt Leitungen bei den Aufgaben und Zielen der Einrichtungen, in ihrem Selbstmanagement, bei der Mitarbeiterführung, bei der Gestaltung von Kooperationen, in der Organisationsentwicklung, in der Einschätzung von zukünftigen pädagogischen Richtungen und bei der Entwicklung und strategischen Umsetzung von Visionen im Frühkindlichen Bildungsbereich.

Fachberatung befindet sich also in einer mehrfachen Brückenfunktion und ist dabei eine organisationsbezogene Dienstleistung, die qualitätsentwickelnd und -qualitätssichernd im System der Kindertageseinrichtungen und der Kindertagespflege wirkt. Sie kann Träger und Einrichtungsleitungen dabei unterstützen, ein fachlich und organisatorisch tragfähiges Angebot für Kinder und Eltern zu schaffen und es aufrechtzuerhalten.

Qualifikationsprofil und Professionalisierung von Fachberatung

Soll Fachberatung in der Lage sein, den Beratungsbedarf und ihre Brückenfunktion zu Kita-Trägern, Politik, Wissenschaft und Praxis nur annäherungsweise befriedigend zu erfüllen, muss das Qualifikationsprofil von Fachberatung und das gesamte Fachberatungssystem genauer und systematisch in den Blick genommen werden. Wichtige qualitative Zugangsvoraussetzungen zur Ausübung dieses Berufes müssen vorhanden sein. Dies erscheint umso entscheidender, weil die Berufsbezeichnung Fachberatung derzeit ungeschützt und beliebig ist.

Damit sich nicht alle in diesem Arbeitsfeld handelnden und beratenden Personen Fachberatung nennen können, ist die Schaffung einer eigenständigen Profession von Notwendigkeit. Eine einschlägige Berufserfahrung im frühkindlichen Bildungsbereich sowie ein Hochschulstudium auf wissenschaftlicher Basis sowie eine starke Persönlichkeit sichern die grundsätzliche Vorbereitung auf die vielfältigen Anforderungen und Kernaufgaben der Beratung in diesem Berufsfeld. Schaut man sich den Wissenserwerb der Fachberatungen an, stößt man aber meist auf ein individuelles, persönliches Interesse an erziehungswissenschaftlicher Forschung und den entsprechenden Themen. Dies kann kein Weg sein, um die Erkenntnisse gesichert in den Alltag der Arbeit mit Kindern einfließen zu lassen.

Dringend aufbereitet werden muss das Feld der Weiterbildungs- und Qualifikationsmaßnahmen für Fachberatung. Derzeit existieren zwar einige Weiterbildungs- und Qualifizierungsmaßnahmen und erste Studiengänge für Fachberatungen; diese stecken aber noch in der Pilotphase und werden erprobt. Nicht zuletzt ist die Forschung über die Wirksamkeit von Fachberatung in der Praxis auszubauen.

Fachberatung als Innovationsträger

Aus diesen Gründen gilt es, die Rolle von Fachberatung in der Übernahme einer Brückenfunktion zu betrachten: Die Anforderungen, die an Kitas, Krippen und Kindergärten in der Zukunft gestellt werden – insbesondere jedem Kind mit unterschiedlichen Lernausgangslagen individuelle Lern- und Entwicklungswege zu ermöglichen –, können kaum mit den jetzigen Rahmenbedingungen der Kitas bewältigt werden. Im Feld der frühkindlichen Entwicklung stehen die Zeichen weiterhin auf beständige Veränderung der Praxisgestaltung und der Arbeit mit den Kindern. Der Fachberatung fällt hier, bezogen auf das System der Dienstleistung Kita, die Aufgabe und Rolle des Innovationsträgers zu.

Diese Aufgabe kann, systemisch betrachtet, in einem Dienstleistungssystem nur von jemandem übernommen werden, der in diesem Feld die Möglichkeit erhält, eine übergeordnete Betrachtung vorzunehmen. Dementsprechend ist dies kein Arbeitsfeld, welches dem tagesaktuellen Bedarf der Praxis entspricht, sondern aus der Betrachtung und Analyse der Kita-Praxis bewusst von außerhalb entsteht. Um Bedarfe, Entwicklungsschritte und Wege hieran anknüpfend zu formulieren, benötigt die Fachberatung ihrerseits Unterstützung von außerhalb.

Unterstützungssysteme für das Unterstützungssystem Fachberatung sind allerdings nur äußert selten vorzufinden. Um Fachberatung von ihrem Einzelkämpferstatus zu befreien, bedarf es funktionierender Netzwerke, in die neben regionalen Arbeitsstrukturen auch Wissenschaft und Forschung eingebunden sind. Solche Arbeitsstrukturen sind bisher im Feld der Fachberatung jedoch nur an wenigen Standorten zu entdecken.

Bei der Planung von Stellen für eine Fachberatung im Bildungsbereich gilt es daher, in den nächsten Jahrzehnten ein Zeitbudget von 10 bis 25 Prozent der Arbeitszeit für die Arbeit in Vernetzungsstrukturen einzuplanen. Nur wenn dies von Anfang an in der Stellenbeschreibung eingeplant ist und das Stellenprofil angepasst wird, kann Fachberatung Brückenfunktionen zu Lehre und Forschung oder interdisziplinären Netzwerken herstellen und halten.

Die Notwendigkeit einer solchen Brückenfunktion entsteht ja erst dadurch, dass die Lehre und Forschung, die an den Hochschulen und Universitäten entwickelt wurde, bisher in einem zu geringen Maß Eingang in die Praxis gefunden hat. Dass es zwischen dem Stand von Forschung und Lehre in der frühkindlichen Bildung und der Umsetzung in der Praxis Unterschiede und deutliche Verzögerungen gibt, liegt in der Natur der Sache. Es gilt trotzdem zu untersuchen, weshalb sich bestimmte Erkenntnisse oder Entwicklungen in Methodik und Didaktik nur zu einem Teil in der aktuellen Kita-Praxis wiederfinden.

Mit einer gezielt und systematisch ausgebauten Brückenfunktion kann Fachberatung wieder eine größere Nähe zwischen Praxis und Wissenschaft herstellen. Diese stellt einen neuen, aber notwendigen Aufgabenbereich von Fachberatung dar. Damit dies gelingen kann, gilt es auf beiden Seiten, die dafür notwendigen Bedingungen zu schaffen.

Grundsätzlich müssen sich sowohl die Fachberatung als auch die Wissenschaft für eine gemeinsame Kooperation und den Transfer von neuen wissenschaftlichen Erkenntnissen in die Praxis öffnen. Frühkindliche Forschung sollte verstärkt die Praxis bzw. die Fachberatung an ihren Forschungsvorhaben teilhaben lassen und den Transfer von Ergebnissen und mögliche Praxisimplikationen von Anfang an in den Blick nehmen. Im Sinne einer kontinuierlichen Begleitung und Zusammenarbeit müssen hier transdisziplinäre Formen für die gemeinsame Entwicklung pädagogischer Qualität etabliert werden. Nicht zuletzt sollten Fachhochschulen/Universitäten nach den jeweiligen Ausbildungsphasen von KindheitspädagogInnen auch kontinuierliche Weiterbildungsentwicklungen ermöglichen.

Gleichzeitig können die Fachberatungen Fragestellungen, Good Practice und Beratungsansätze aus der Praxis in Wissenschaft und Forschung transportieren und die Anschlussfähigkeit vorhandener Forschungsergebnisse kritisch in den Blick nehmen. Gelingt ein solches Zusammenspiel über die Brückenfunktion der Fachberatung, könnte sich dies als ein Innovationsträger für den Bereich der frühkindlichen Bildung herausstellen und wäre damit eine »Win-win-Situation« für alle Seiten. Forschung könnte über die Vermittlung von Fachberatung so praxisbezogener und die Kita-Praxis forschungsbasierter werden.

Am Anfang einer Entwicklung

Wir stehen hier am Anfang einer Entwicklung. Bisher ist Fachberatung kaum gesetzlich verankert, und ihre Inanspruchnahme ist nicht verpflichtend. Die Aufgabe einer Brückenfunktion für die Fachberatung mag zunächst einmal logisch klingen, ist in der Praxis aber zumeist nicht immer leicht herzustellen, da die FachberaterInnen in Träger- und Praxisstrukturen eingebunden sind, die eine Brückenfunktion nicht automatisch ermöglichen. In eine Neuetablierung von Fachberatung in Trägerstrukturen ist daher systematisch eine Brückenfunktion einzuarbeiten.

Hierfür bräuchte es eine entsprechende Beratung und Unterstützung der Anstellungsträger von Fachberatung, zum Beispiel durch Aufsichtsbehörden wie das Landesjugendamt oder die Landesschulbehörde. Anstellungsträger von Fachberatungen brauchen hinsichtlich einer Stellenplanung Beratung, um die unterschiedlichen Arbeitsfelder zu berücksichtigen.

Brückenmodelle

Abschließend stellt sich die Frage, wie regionale Brückenmodelle für Fachberatungen aussehen könnten. Hier wird die Initiative zunächst von den Fachberatungen ausgehen müssen, zum Beispiel über kontinuierliche Beziehungen zu (Fach-)Hochschulen, regional arbeitenden Instituten etc. In einer zweiten Phase nach der Bildung eines solchen Brückennetzwerkes sollten die Organisation und Moderation jedoch bei einer Hochschule oder einem Institut nachhaltig verankert werden. Benötigt wird für ein solches Brückennetzwerk ein professioneller Träger, da eine Arbeitsstruktur auf der Ebene von persönlichen Initiativen und Kontakten keine Basis und auch keine Ressourcen hat, um dauerhaft die Funktion im Sinne einer Brücke auszuüben. Ein etabliertes Brückennetzwerk zwischen Theorie und Praxis mit Gewinn für beide Seiten benötigt eine kontinuierliche Moderation und Impulssetzung. Dies sollte von daher auch in den Aufgabenbereich zwischen staatlichen Aufsichtsfunktionen und Fachhochschulen/Universitäten fallen. Somit erhielten Fachberatungen die Möglichkeit, sich in diesen Brückennetzwerken auszutauschen, auf der Ebene von (Fach-)Hochschulen oder wissenschaftlichen Instituten fachlich beraten zu lassen und daraus folgend wissenschaftliche Erkenntnisse in die Praxis vor Ort zu transferieren.

Träger und Leitungen von Kindertageseinrichtungen werden durch politische Setzungen, wissenschaftliche Forschungen und gesellschaftliche Entwicklungen zur Gestaltung von vielfältigen Veränderungsprozessen herausgefordert. Zur

Bewältigung dieser Aufgaben ist Fachberatung ein wichtiges Unterstützungs- und Brückeninstrument in den verschiedenen Themenfeldern von Trägern, Politik, Wissenschaft und Praxis. Daher gehören diese Brückenpositionen in den beschriebenen Beratungsfeldern zu den Kernaufgaben von Fachberatung und stehen für eine Vielfalt von Beratungsaufgaben. Fachberatung muss als Unterstützungssystem für diese Prozesse und für die Praxis dringend etabliert und standardisiert werden. Daher ist in einen Ausbau der Fachberatungsstellen sowie in eine Qualifikationsinitiative auf Hochschulebene für Fachberatungen zu investieren und die gleichzeitige Überprüfung der Qualität und Wirksamkeit von Fachberatung in der Praxis vorzunehmen.

Gesucht: Flexible und kompetente Allrounder
Anforderungen, Erwartungen und Angebote der Träger an Fachberatung

Claudia Hruska | Katrin Lattner

Seit vielen Jahren existiert das Tätigkeitsfeld der Fachberatung für frühpädagogische Bildungs- und Betreuungseinrichtungen. Durch die Fachberatung sollen (früh-)pädagogische Fach- und Leitungskräfte in der Praxis unterstützt und begleitet werden. Hierbei liegt ein besonderer Schwerpunkt auf der Sicherung und Weiterentwicklung der pädagogischen Qualität als kontinuierlicher und systematischer Prozess (Preissing, Berry & Gerszonowicz 2015).

Bisher fehlt es an einem klaren Tätigkeitsprofil für frühpädagogische Fachberatung, das Kernaufgaben definiert. Dies erweist sich zum einen aufgrund der Vielfalt der Regelungen der Bundesländer und zum anderen wegen der Heterogenität der Träger und Aufgabenfelder als schwer umsetzbar. Um den Qualitätsprozess in der Praxis voranzutreiben, ist es unabdingbar, dass FachberaterInnen diesen moderieren. Bisher sind auf Bundesebene bereits einige Versuche unternommen worden, um entsprechende Rahmen für die Anerkennung und Profilbildung der Fachberatung festzulegen. Diese Bemühungen reichen von dem Vorschlag eines Bundesqualitätsgesetzes über Änderungen im SGB VIII bzw. im Kinder- und Jugendhilfegesetz (BMFSFJ/JFMK 2014, 2017) bis hin zu Stellungnahmen von Verbänden (u.a. Deutscher Verein der öffentlichen Fürsorge 2012) und der Bundesarbeitsgemeinschaft – Bildung und Erziehung in der Kindheit e.V. (BAG-BEK). Nicht zuletzt stellen Preissing, Berry und Gerszonowicz (2015) in ihrer Expertise einen Katalog auf, in dem sie eine bedarfsgerechte personelle Ausstattung der Fachberatung und bestimmte Aufgabenbereiche fordern.

Darüber hinaus mangelt es an Wissen über das aktuelle Erwartungsprofil an die Fachberatertätigkeit vonseiten der Arbeitgeber bzw. Träger. An dieser Stelle setzt das Forschungsprojekt »Stellenausschreibungen für FachberaterInnen in Onlineportalen« (Hruska, Lattner & Bamler 2017) an, welches von März 2016 bis Februar 2017 an der Universität Leipzig konzipiert und umgesetzt wurde.

Dokumentenanalyse

In zwei Erhebungsphasen (März/April 2016 und Juli/August 2016) wurden bundesweit online veröffentlichte Stellenanzeigen für frühpädagogische Fachberatungen für Kitas, die Kindertagespflege und den Hort recherchiert[7]. Dabei konnten 41 Stellenanzeigen[8] aus zehn Bundesländern[9] identifiziert werden, wovon zehn der vakanten Stellen aus den östlichen Bundesländern stammen. Über beide Erhebungsphasen inserierten mehrheitlich freie Träger (N = 28).

Auf Basis der Themenanalyse aus qualitativem Datenmaterial (Froschauer & Lueger 2003) wurden folgende Themenkategorien ermittelt:

A **Aufgaben,** die das Arbeitsfeld der Fachberatung umfassen

B **Erwartungen,** die der Arbeitgeber an den/die FachberaterIn stellt

C **Angebote,** die den BewerberInnen zur Verfügung gestellt werden

Jede Themenkategorie (A, B, C) unterteilt sich in unterschiedlich viele Unterkategorien (vgl. Tab. 1). Diesen konnten entsprechend der Angaben in den Stellenanzeigen verschiedene Ausprägungen zugeordnet werden. Die Häufigkeit der jeweiligen Nennungen wurde in ein Kategoriensystem übertragen und anschließend ausgezählt.

---

7 Als Suchbegriffe kamen »pädagogische Fachberatung«, »Kita Fachberatung«, »Fachberatung Kita«, »Fachberater Kita«, »Fachberatung Kindertagesstätten«, »Fachberatung Sprache« und »Fachberatung Inklusion« zum Einsatz.

8 Die Recherche erfolgte auf folgenden Internetseiten: www.jobbörse.com, www.kimeta.de, www.stellenanzeigen.de, www.indeed.com, www.awo-stellenbörse.de, www.jooble.org, www.stepstone.de, www.stellenmarktsozial.de, www.jobbörse.arbeitsagentur.de, www.eures.de, www.evkita-bayern.de, www.kita-bildungsserver.de und www.backinjob.de.

9 Zu den zehn Bundesländern, für die mindestens eine Stellenanzeige gefunden wurde, gehören BW, BY, B, BB, HH, HE, NI, NW, SN und SH. Für die Bundesländer BR, MV, RP, SL, ST und TH konnten über die entsprechenden Portale keine Anzeigen ermittelt werden.

Tabelle 1: Themenkategorien mit den jeweiligen Unterkategorien

Themenkategorien	Unterkategorien
A) **Aufgaben der Fachberatung**	Beratung von Personen(gruppen)
	Beratung zu spezifischen Themen
	Begleitung und Unterstützung von Personen(gruppen)
	Begleitung und Unterstützung bei spezifischen Themen
	Planung und Organisation
	Vertretung und Kooperation
	Weiterentwicklung und Sicherung
	Verwaltung
	Weiterqualifizierung
	Managementaufgaben
	Kontrolle und Aufsicht
	Leitungsaufgaben
B) **Erwartungen des Arbeit-gebers an die Fachberatung**	Qualifikation
	Berufserfahrung
	Fachliche Kompetenzen
	Personale Kompetenzen
	Sozial-kommunikative Kompetenzen
	Aktivitäts- und umsatzorientierte Kompetenzen
C) **Angebote des Arbeitgebers für die Fachberatung**	Bezahlung
	Stellenumfang
	Arbeitsverhältnis
	Weiterqualifizierungsangebot

A) Die Aufgaben der Fachberatung

Personengruppen und Themen in der Fachberatung

In dem Aufgabenprofil der Fachberatung stellt die Beratung von einzelnen Personen und Personengruppen zu spezifischen Themen einen inhärenten Bestandteil der Arbeit dar. FachberaterInnen sollen insbesondere die Teams in den Einrichtungen, die Träger und die Leitungskräfte beraten (vgl. Abb. 1). In geringerem Maße werden Familien und pädagogische Fachkräfte als AdressatInnen der Beratung erwähnt. In den 19 Stellenanzeigen machten die Arbeitgeber keine Angaben, wen die FachberaterInnen beraten sollen.

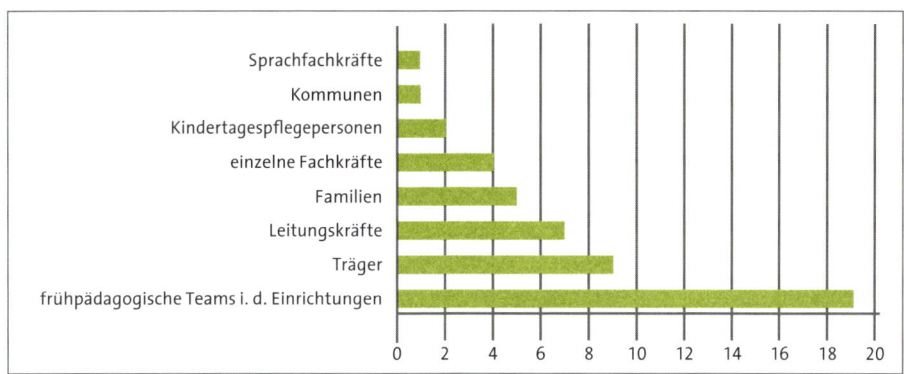

Abb. 1: Häufigkeit der genannten Personen(gruppen), die durch Fachberatung beraten werden sollen[10]

In den recherchierten und anschließend ausgewerteten Stellenanzeigen werden viele verschiedene Themen genannt, zu denen die FachberaterInnen Beratungen anbieten sollen. Deutlich wird, dass die Träger vor allem Beratungen zu Fachthemen, zur konzeptionellen und institutionellen Weiterentwicklung, zum Qualitätsmanagement und zur Personalentwicklung erwarten (vgl. Abb. 2) In 19 Stellenanzeigen werden zu dieser Kategorie keine Angaben gemacht.

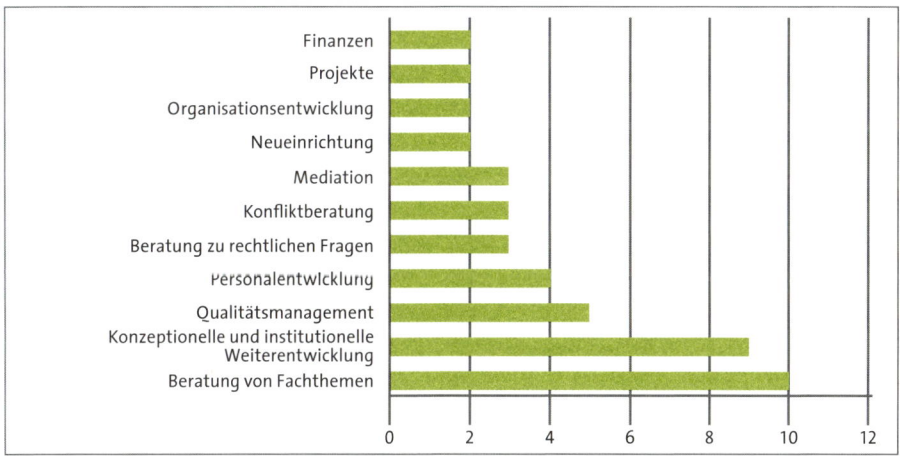

Abb. 2: Häufigkeit der genannten Themen, zu denen die FachberaterInnen beraten sollen

10 Nachfolgend werden die Anzahl der Nennungen pro Unterkategorie in den 41 Stellenausschreibungen präsentiert. Mehrfachnennungen sind möglich.

FachberaterInnen begleiten und unterstützen

FachberaterInnen sollen im Wesentlichen die institutionelle und konzeptionelle Weiterentwicklung sowie pädagogische Themen, wie zum Beispiel sprachliche und inklusive Bildung, begleiten und unterstützen (siehe Abb. 3). In 15 Stellenanzeigen machten die Arbeitgeber keine Angaben, zu welchem Thema die FachberaterInnen unterstützend tätig werden sollen.

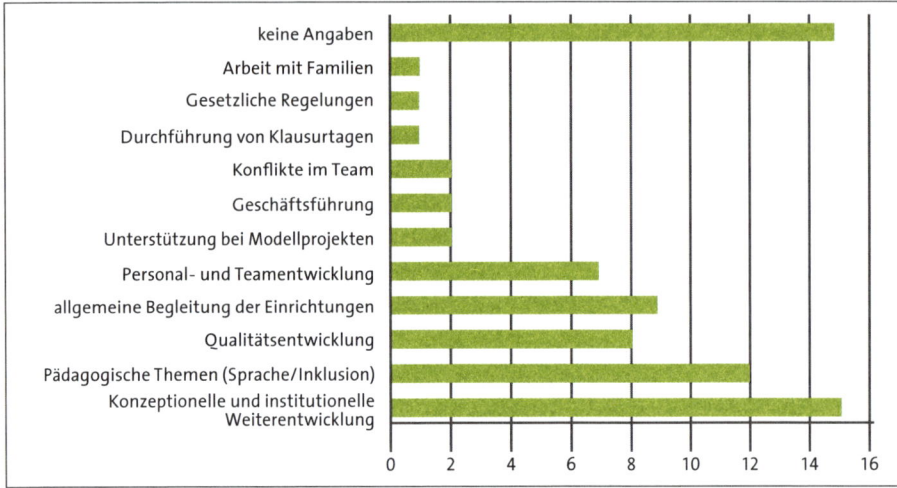

Abb. 3: Häufigkeit der genannten Themen, bei denen die FachberaterInnen prozessorientiert begleiten sollen

Planungs- und Organisationsaufgaben

Primär sind FachberaterInnen für die Planung und Organisation von Qualifizierungsangeboten für frühpädagogische Fachkräfte (N = 17) zuständig. Hierzu gehören die Planung von Dienstbesprechungen, Leitungstreffen, die Vermittlung von Tagespflegeplätzen, die Mittlerfunktion sowie die Durchführungen von Konferenzen/Fachtagungen. Zudem zählen die Träger die Durchführung von Projekten und Arbeitsgemeinschaften sowie die Mitgestaltung von Elternabenden und der Arbeit des Elternbeirats zum Aufgabenprofil der Fachberatung (siehe Abb. 4). In zwölf Stellenanzeigen fehlen Angaben der Arbeitgeber dazu, was die FachberaterInnen planen und organisieren sollen.

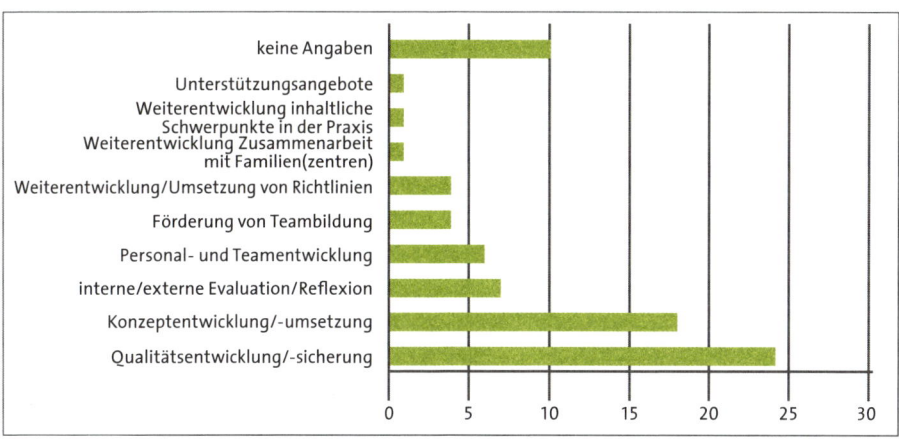

Abb. 4: Häufigkeit der genannten Planungs- und Organisationsaufgaben der FachberaterInnen

Vertretungs- und Kooperationsarbeiten

In den Stellenausschreibungen werden verschiedene Vertretungs- und Kooperationsaufgaben der FachberaterInnen erwähnt. Die Netzwerkarbeit wurde in mehr als der Hälfte der Stellenanzeigen (N = 21) genannt, gefolgt von der Gremienarbeit (N = 5), Trägervertretung (N = 5) und Öffentlichkeitsarbeit (N = 4). Mit jeweils einer Nennung gehören die Interessenvertretung und die Teilnahme an Fachausschüssen zu weiteren Vertretungs- und Kooperationsaufgaben. In 16 Stellenanzeigen machten die Arbeitgeber keine Angaben, wen die FachberaterInnen bei der Arbeit vertreten und mit wem sie kooperieren sollen.

Entwicklungshemen der FachberaterInnen

Zu den Themen, die die FachberaterInnen weiterentwickeln und sichern sollen, gehören insbesondere die Qualitätsentwicklung und -sicherung in den Einrichtungen (N = 24) sowie die Konzeptionsentwicklung und -umsetzung in den Einrichtungen (N = 18). Weiter werden die Aufgabe der internen und externen Evaluation und Reflexion (N = 7) genannt sowie die Personal- und Teamentwicklung (N = 6), die Förderung von Teambildungsprozessen (N = 4) und die Weiterentwicklung und Umsetzung von Richtlinien (N = 4). In geringerem Maße sind FachberaterInnen gefordert, die Zusammenarbeit mit Familien, die inklusive Bildung sowie inhaltliche Schwerpunkte für Präventions- und Unterstützungsangebote weiterzuentwickeln. In zehn der 41 Inserate sind keine Angaben zu den Themen zu finden, die von den FachberaterInnen weiterentwickelt und gesichert werden sollen.

B) Erwartungen des Arbeitgebers an die Fachberatung

Qualifikation

Insgesamt zeigt sich in den Ergebnissen, dass die FachberaterInnen ein sozial-pädagogisches Studium (N = 35) sowie Zusatzqualifikationen in verschiedenen Bereichen (N = 11) vorweisen sollten. Ein Abschluss als staatlich anerkannte/r Erzieher/in wird nur elf Mal als Qualifikation angeführt. Eine Ausbildung in einem anderen Bereich (z.B. Logopädie, Kinderschutz, Verwaltung) wird jeweils mit drei Nennungen aufgeführt. Zudem wird je einmal eine entsprechende Qualifikation zur Fachberatung bzw. ein Fach- oder Hochschulstudium in den analysierten Stellenanzeigen genannt. Zwei Stellenanzeigen geben keine Information zu den erwarteten Qualifikationen, welche die FachberaterInnen für die vakante Stelle mitbringen sollen.

Berufserfahrung

Im Hinblick auf die Berufserfahrung zeigt sich, dass insbesondere eine Tätigkeit im Praxisfeld der Kindertageseinrichtungen erwartet wird. Hierzu zählen zum Beispiel Erfahrungen als Kita-Leitung bzw. (früh-)pädagogische Fachkraft (N = 29). Praxiserfahrung als FachberaterIn ist die am zweithäufigsten genannte Berufserfahrung (N = 9). Berufliche Vorerfahrung im sozialen Bereich (z.B. als SozialpädagogIn oder SozialarbeiterIn in der Jugendhilfe) wird acht Mal genannt, die Tätigkeit im Bereich der Kindertagespflege einmal erwähnt. Sechs Stellenanzeigen geben keine Informationen zu der Berufserfahrung, die von den FachberaterInnen für die Ausübung der vakanten Stelle erwartet wird.

Fachliche Kompetenzen

In den 41 Stellenausschreibungen werden verschiedene fachliche Kompetenzen aufgezählt, die von den FachberaterInnen erwartet werden. In nahezu der Hälfte der Stellenanzeigen fordern Arbeitgeber IT-Kenntnisse (N = 18), gefolgt von der Beratungskompetenz (N = 16) und dem Wissen über sprachliche Bildung, Inklusion und Zusammenarbeit mit Familien (N = 13) sowie der Erwachsenenbildung und -qualifizierung (N = 13) und das Wissen über Elementarpädagogik und frühkindliche Bildung (N = 13). Die erwarteten Kompetenzbereiche sind äußerst breit gefächert und in Abb. 5 zusammengefasst. Zwei Stellenanzeigen nennen keine fachlichen Kompetenzen, die FachberaterInnen für die Ausübung der beruflichen Tätigkeit mitbringen sollen.

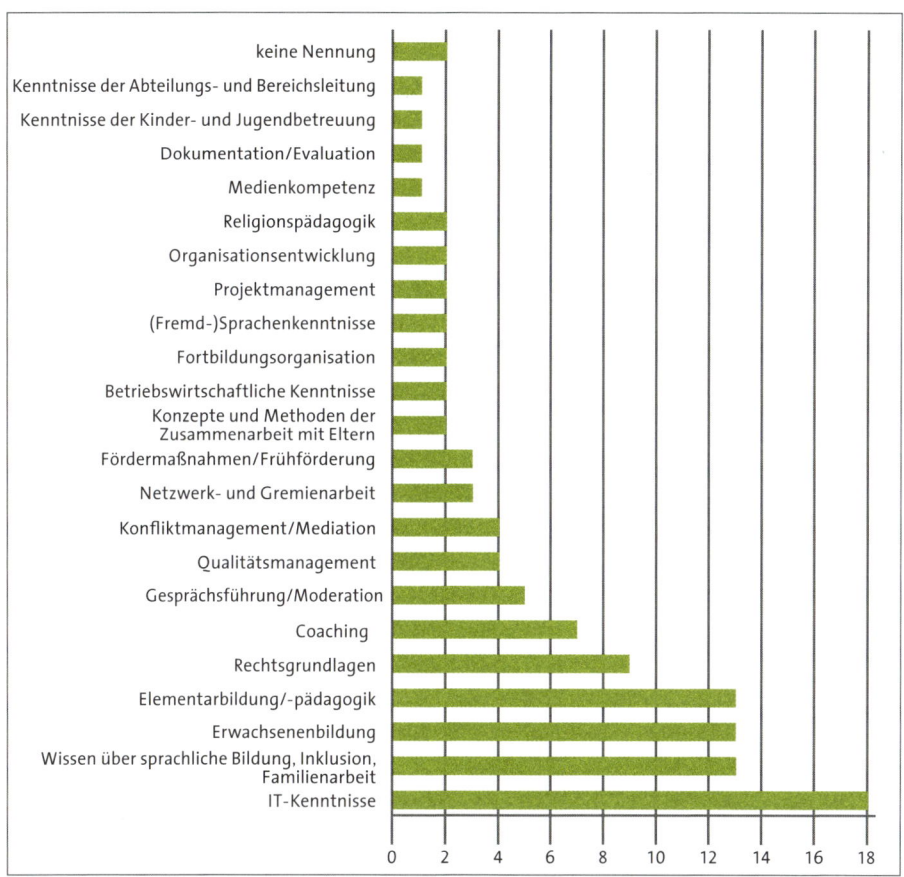

Abb. 5: Häufigkeit der geforderten fachlichen Kompetenzen der FachberaterInnen

Personale Kompetenzen

Die Ergebnisse zeigen, dass die Arbeitgeber primär Flexibilität (N = 17), zum Beispiel in Hinblick auf die Gestaltung der Arbeitszeiten, Selbstständigkeit (N = 13) sowie Engagement (N = 11) von den FachberaterInnen erwarten. Es folgen Verantwortungsbereitschaft (N = 9) und sicheres, selbstbewusstes Auftreten (N = 7). Mit jeweils sechs Nennungen werden Durchsetzungsvermögen und Lernbereitschaft aufgeführt, gefolgt von Entscheidungsfähigkeit (N = 4). Jeweils zwei Mal werden Kreativität, zielorientiertes Handeln, die Initiative ergreifen können, Strukturiertheit und Motivation als personale Kompetenzen in den Stellenanzeigen genannt. Mit je einer Nennung sind die Glaubwürdigkeit, die Fähigkeit zur Selbstreflexion und Integrationsfähigkeit in den Stellenanzeigen aufgeführt. Neun Stellenanzeigen nennen keine expliziten personalen Kompetenzen für potenzielle FachberaterInnen.

Sozial-kommunikative Kompetenzen

Das Feld der sozial-kommunikativen Kompetenzen wird angeführt von Teamfähigkeit und Kooperationsbereitschaft (N = 19), gefolgt von Kommunikationsfähigkeit (N = 12), Empathiefähigkeit (N = 6) und Sozialkompetenz (N = 6). Zudem werden Verhandlungsfähigkeit (N = 3), Toleranz/eine wertschätzende Grundhaltung (N = 3) und interkulturelle Kompetenz (N = 3) in den Stellenanzeigen genannt. Administrative Kompetenz wird zwei Mal in den Stellenausschreibungen aufgeführt. Einmal wird Zuverlässigkeit als sozial-kommunikative Kompetenz genannt. In 13 Stellenanzeigen fehlen Informationen zu sozial-kommunikativen Kompetenzen.

Aktivitäts- und umsatzorientierte Kompetenzen

Träger fordern von den FachberaterInnen Organisationsfähigkeit (N = 13) und Kompetenzen zur Stressbewältigung/Belastbarkeit (N = 11). Zudem erwarten die Arbeitgeber von der Fachberatung Problemlösefähigkeit (N = 3) und konzeptionelle Fähigkeiten (N = 2).

Analysefähigkeit und Beurteilungsvermögen werden jeweils nur einmal genannt. In 18 Stellenanzeigen wird zu den aktivitäts- und umsatzorientierten Kompetenzen keine Angabe gemacht.

C) Angebote des Arbeitgebers für die Fachberatung

Angebotener Stellenumfang

Der Großteil der Arbeitgeber, die freie Stellen zu besetzen haben, bietet den FachberaterInnen eine Teilzeitstelle (N = 27) an. Der Umfang liegt zwischen halben (19,5 Stunden) und drei Viertel Stellenanteilen (32 Stunden). Bei 17 der 41 recherchierten Stellenanzeigen werden Vollzeitstellen ausgeschrieben. Fünf der angebotenen Stellen hielten beide Optionen offen (Teil- oder Vollzeitstelle; bei zwei Stellenanzeigen ist keine Angabe zum Stellenumfang vermerkt).

Angebotenes Arbeitsverhältnis

Annähernd ausgewogen bieten die Arbeitgeber den FachberaterInnen ein befristetes (N = 17) oder ein unbefristetes (N = 16) Arbeitsverhältnis an. In einer Stellenanzeige, die als Teilzeitstelle ausgeschrieben ist, werden 70 Prozent der Stelle als unbefristetes Arbeitsverhältnis und zehn Prozent als befristetes Arbeitsverhältnis angeboten. Bei neun Stellenanzeigen ist keine Angabe zum Arbeitsverhältnis aufgeführt.

Entlohnung

In 18 der 41 analysierten Stellenanzeigen ist vermerkt, dass die FachberaterInnen nach dem Tarifvertrag für den öffentlichen Dienst (TVöD) bezahlt werden. In weiteren 13 Stellenanzeigen wird die Entlohnung nach einem trägerspezifischen, hauseigenen Tarif genannt. In zehn der Stellenangebote wurde keine Angabe zum Verdienst gemacht.

Weiterqualifizierungsangebote

27 der insgesamt 41 Stellenanzeigen bieten den FachberaterInnen Möglichkeiten zur beruflichen Weiterentwicklung ohne weitere Spezifizierungen an. Bei 14 Stellenanzeigen sind keine Angaben zu Weiterqualifizierungsmöglichkeiten vermerkt.

Zusammenfassung der Ergebnisse der Dokumentenanalyse

Die vorliegende Analyse bezieht sich auf die verfügbaren Stellenanzeigen für FachberaterInnen in gängigen Online-Portalen im Zeitraum von März bis August 2016. Durch den Online-Zugang war ein überregionaler Einblick in Stellenausschreibungen möglich. Es zeigt sich jedoch, dass die Ausschreibungen aus den neuen Bundesländern deutlich unterrepräsentiert sind oder einige dieser Bundesländer in dem begrenzten Recherche-Zeitraum von wenigen Wochen gar nicht vertreten waren. Überproportional sind Stellenanzeigen aus Baden-Württemberg und Hessen zu finden und dominieren somit die Analyse.

Tätigkeitsportfolio und Aufgabenbereiche

Die Ergebnisse weisen darauf hin, dass die Fachberatung ein sehr verzweigtes und heterogenes Arbeitsfeld darstellt. Damit schließen die Ergebnisse an den Befunden bisheriger Studien an (Hruska 2017 a; Hruska 2017 b; Lattner & Hruska 2017a; Lattner & Hruska 2017b; Leygraf 2013; Beher & Walter 2012; Ehrhardt et al. 2014) und zeigen, dass es kaum ein eingegrenztes Grundportfolio an Aufgaben und (Fach-)Kompetenzen für die Tätigkeit als Fachberatung gibt. Dieses heterogen ausgerichtete und breit angelegte Aufgaben- und Tätigkeitsprofil sollen die FachberaterInnen teils allein, teils in Zusammenarbeit mit weiteren Fachkräften im Setting des Bildungs-, Betreuungs- und Erziehungssystems ausfüllen. Dabei variieren die beruflichen Anforderungen an die Fachberatung zwischen vielfältigen fachlichen Einzelaufgaben und zusammengefassten Aufgabenbereichen. Nur vereinzelt setzen die Arbeitgeber entsprechende (Arbeits-)Schwerpunkte (z.B. Wissen über sprachliche Bildung). So fordern die Arbeitgeber in den Stellenanzeigen eine Fachberatung, die Leygraf (2013) als »Allrounder« bezeichnet, die mit verschiedensten Situationen, Themen und Inhalten in der Praxis umgehen kann.

In der Kategorie Planungs- und Organisationsaufgaben der Fachberatung wird deutlich, dass vor allem Qualifizierungsangebote für (früh-)pädagogische Fachkräfte entwickelt werden sollen. Andere Aufgabenbereiche, wie zum Beispiel die Organisation von Fachtagungen und Vermittlungsaufgaben, rangieren auf den hinteren Rängen. Interessant ist, dass die FachberaterInnen verstärkt Netzwerkarbeit leisten sollen. Diese Tätigkeit gehörte bereits in der SWOT-Analyse von Lattner und Hruska (2017a) zu den genannten Hauptaufgaben von Fachberatung.

Neben dem Qualitätsmanagement und der Qualitätsentwicklung steht die Konzeptentwicklung in den Stellenanzeigen im Fokus (vgl. auch Preissing, Berry & Gerszonowicz 2015). Fach- und Dienstaufsicht wurden in weniger als einem Viertel der Stellenanzeigen aufgeführt, was wiederum die schwierige Position im Beratungskontext widerspiegelt. Es zeigt sich darüber hinaus, dass lediglich in 20 Prozent der Anzeigen auf die Beratung von Leitungskräften rekurriert wird. Vor allem Teams sollen unterstützt werden, und nicht explizit die Leitungskräfte. Positiv hingegen ist zu verzeichnen, dass bereits in einem Viertel der Ausschreibungen die Träger als zu beratende Gruppe benannt werden, was bereits Dupuis (1997) und Karsten (2011) forderten.

Erwartungen der Arbeitgeber

Entsprechend der geforderten Vielzahl an Aufgaben für die Arbeit als FachberaterIn fallen die erwarteten Fähigkeiten aus. Die Erwartungen umfassen diverse Kompetenzen und zugleich mannigfache Berufserfahrungen und Qualifikationen im Feld der (früh-)pädagogischen Praxis. Bei den genannten Aufgaben und erwarteten Kompetenzen zeigt sich eine deutlich Übereinstimmung: Die professionellen Fähigkeiten reichen von personalen und fachlichen über sozial-kommunikative bis hin zu aktivitäts- und umsatzorientierten Kompetenzen, wobei die vielfältigen Personal- und Fachkompetenzen überwiegen.

Folglich sind die künftigen StelleninhaberInnen gefordert, theoretisches Wissen und praktisches Können in diversen Themenbereichen mitzubringen und in die frühpädagogische Praxis zu transportieren. Hierfür suchen die Arbeitgeber vermehrt qualifizierte, möglichst ausgebildete SozialpädagogInnen (85%), die darüber hinaus über fundierte praktische Erfahrungen in dem Bereich der frühkindlichen Bildung, Betreuung und Erziehung verfügen. Allerdings ist zu vermerken, dass die speziell für das Feld der frühkindlichen Bildung- und Erziehung ausgebildeten KindheitspädagogInnen (noch) keine Aufnahme in das Erwartungsprofil der Arbeitgeber in Bezug auf die Fachberatung gefunden haben.

Ein Viertel der Arbeitgeber fordert spezifische Qualifikationen von den FachberaterInnen, um auf einen individuellen Bedarf oder auf die Mitarbeit in Modellprojekten vorbereitet zu sein. So werden aktuelle Themenbereiche wie sprachliche Bildung (Sprachfachberatung), Zusammenarbeit mit Familien und inklusive Bildung benannt. Kaum gefragt sind Durchsetzungsvermögen bzw. Verhandlungsfähigkeit. Im Gegensatz dazu sind personale Kompetenzen wie zum Beispiel Flexibilität, Selbstständigkeit, Verantwortungsbereitschaft und Engagement gefordert. Einerseits helfen diese Kompetenzen dabei, mit den potenziell suboptimalen Arbeitsbedingungen zurechtzukommen. Andererseits besteht die Gefahr, dass diese Kompetenzen dazu beitragen, dass die FachberaterInnen durchhalten, über ihre Grenzen hinweg arbeiten und womöglich eine psychische Überlastung (Burn-out) erleben (Lattner & Hruska 2017b).

Angebote für potenzielle FachberaterInnen

Obwohl die Arbeitgeber ein breites Portfolio an Anforderungen und Erwartungen aufstellen, wird im Bereich der Angebote deutlich, dass die Mehrzahl der vakanten Stellen auf Teilzeit und als befristete Arbeitsverhältnisse ausgeschrieben ist.

Darüber hinaus bieten die Arbeitgeber unterschiedlich gut bezahlte, (un-)befristete und Teil- oder Vollzeitstellen an, auf denen sich die FachberaterInnen teilweise weiterqualifizieren können. Trotz der wachsenden Aufgaben schreibt die Hälfte der Träger Teilzeitstellen aus. Und trotz der vielen Arbeitsaufgaben und Erwartungen hinsichtlich der Qualifikationen und (Berufs-)Erfahrung der potenziellen StelleninhaberInnen sind die Träger nur selten bereit, (Zusatz-)Leistungen außerhalb der regulären Bezahlung zur Verfügung zu stellen. Die Ergebnisse vermitteln den Eindruck, dass die Mehrzahl der Arbeitgeber davon ausgeht, dass der Aufwand, wie ein eigenes Auto, bei der Arbeit als Fachberatung »normal« sei und kaum bis keine Arbeitnehmerleistungen etwa in Form von Weiterbildungsmöglichkeiten, Sonderzahlungen, Altersvorsorge oder Sabbatical nötig sind.

Ausblick

Die Ergebnisse aus den analysierten Stellenanzeigen für FachberaterInnen zeichnen ein differenziertes und vielfältiges Bild über das aus Sicht der Arbeitgeber geforderte Tätigkeitsprofil, die erwarteten (Fach-)Kompetenzen und die für die FachberaterInnen bereitgestellten Angebote. Die Erwartungen, die Träger bzw. Arbeitgeber an ihre zukünftigen MitarbeiterInnen herantragen, werden den Arbeitsalltag und damit das Feld der Fachberatung nachhaltig prägen.

Vor diesem Hintergrund ist interessant, dass die Stellenausschreibungen in Bezug auf den Umfang, die Vielfalt und die Beschreibung der Aufgaben und Erwartungen an die FachberaterInnen variieren. Unklar bleibt jedoch, inwieweit die ausgeschriebenen Stellenprofile der tatsächlichen (realistischen) Tätigkeit der FachberaterInnen in der Praxis entsprechen (werden).

Hieran knüpfen bis dato unbeantwortete Fragen an, mit denen es sich in Zukunft auseinanderzusetzen gilt:
• Welche Aufgaben der Fachberatung sollten fest definiert werden?
• Welche strukturellen Arbeitsbedingungen benötigen FachberaterInnen für eine qualitativ hochwertige Praxis?

Für die Beantwortung dieser Fragen braucht es wissenschaftlich-praxisorientierte Forschung und politische Diskussionen, um einen verbindlichen Handlungs- und Orientierungsrahmen für die Fachberatung im System der frühkindlichen Bildung, Erziehung und Betreuung anzubieten.

Literatur

Beher, K. & Walter, M. (2012): Qualifikation und Weiterbildung frühpädagogischer Fachkräfte. Bundesweite Befragung von Einrichtungsleitungen und Fachkräften in Kindertageseinrichtungen: Zehn Fragen – Zehn Antworten. München: WiFF. www.weiterbildungsinitiative.de/uploads/media/Studie_BeherWalter.pdf (letzter Zugriff: 01.02.2017).

Bundesministerium für Familie, Senioren, Frauen und Jugend/Jugend- und Familienministerkonferenz (BMFSFJ/JFMK) (2014): Communiqué Frühe Bildung weiterentwickeln und finanziell sichern. Berlin. www.fruehe-chancen.de/fileadmin/PDF/Archiv/Communique-bund-laender-konferenz.pdf (letzter Zugriff: 01.02.2017).

Deutscher Verein für öffentliche und private Fürsorge e.V. (2012): Empfehlungen des Deutschen Vereins zur konzeptionellen und strukturellen Ausgestaltung der Fachberatung im System der Kindertagesbetreuung. www.deutscher-verein.de/de/empfehlungen-stellungnahmen-2012-empfehlungen-des-deutschen-vereins-zur-konzeptionellen-und-strukturellen-ausgestaltung-der-fachberatung-im-system-der-kindertagesbetreuung-sb1sb-1528,308,1000.html (letzter Zugriff: 10.02.2016).

Dupuis, A. (1997): Neue Steuerungsmodelle: Qualitätsstandards in Kindertageseinrichtungen und die Rolle der Fachberatung. In: Qualifikation lohnt sich. Freiburg: Lambertus.

Ehrhardt, A.; May, M.; Remsperger, R.; Schmidt, M. & Weidmann, S. (2014): Die Rolle von Fachberatung im System der Entwicklung von Qualität in der frühen Bildung. Abschlussbericht AWiFF-Projekt. Wiesbaden, Rüsselsheim: Hochschule RheinMain.

Froschauer, U. & Lueger, M. (2003): Das qualitative Interview. Wien: Facultas.

Hruska, C. (2017a): Ein Spektrum an vielfältigen Aufgaben. Interviewstudie zur Fachberatung in Sachsen. klein & groß, 1, 56–59.

Hruska, C. (2017b): Quo vadis Fachberatung: Zukunftsvorstellungen aus Sicht der Fachberatung. Theorie und Praxis der Sozialpädagogik, 7.

Hruska, C.; Lattner, K. & Bamler, P. (2017): Abschlussbericht des Forschungsprojektes »Stellenausschreibungen für FachberaterInnen in Onlineportalen«. Forschungsprojekt der Universität Leipzig. Leipzig.

Karsten, M.-E. (2011): Fachberatung revisted. Theorie und Praxis der Sozialpädagogik (TPS), Schwerpunktheft, 16–32.

Lattner, K. & Hruska, C. (2017a): Explorative Befragung von sächsischen Fachberatern/-innen zu den Stärken, Schwächen, Risiken und Chancen ihrer aktuellen und der zukünftigen Arbeitssituation (SWOT-Analyse). Forschungsprojekt der Universität Leipzig. Leipzig.

Lattner, K. & Hruska, C (2017b): Abschlussbericht des Forschungsprojektes »Studie zum Wandel der Fachberatung in Sachsen«. Forschungsprojekt der Universität Leipzig. Leipzig.

Leygraf, J. (2013): Fachberatung in Deutschland. Eine bundesweite Befragung von Fachberaterinnen und Fachberatern für Kindertageseinrichtungen: Zehn Fragen – Zehn Antworten. Eine Studie der Weiterbildungsinitiative Frühpädagogische Fachkräfte (WiFF). München: DJI.

Preissing, C.; Berry, G. & Gerszonowicz, E. (2015): Fachberatung im System der Kindertagesbetreuung. In S. Viernickel, K. Fuchs-Rechlin, P. Strehmel, C. Preissing, J. Bensel & G. Haug-Schnabel (Hrsg.): Qualität für alle. Wissenschaftlich begründete Standards für die Kindertagesbetreuung. Freiburg: Herder, S. 253–316.

Zwischen Fachdialog, Planung und Verwaltung
Wochenprotokoll eines Fachberatungs-Teams in der Stadt

Ricarda Gellrich

Zusammen mit weiteren drei Kolleginnen arbeite ich als kommunale Fachberaterin im Team »Kindertagesstätten-Entwicklung« in der Stadt Wolfsburg. Wir bringen unterschiedliche Qualifikationen und Zusatzausbildungen mit und arbeiten mit unterschiedlichen Wochenstundenanteilen. Unser Team ist zuständig für insgesamt jetzt 60 Kindertagesstätten in freier und kommunaler Trägerschaft. In Stadtbereichen mit sozialen Bedarfslagen werden Kindertagesstätten zu Familienzentren weiterentwickelt. Derzeit gibt es in Wolfsburg neun Familienzentren, die von unterschiedlichen Trägern betrieben und von unserem Team koordiniert werden.

Aufgrund der wachsenden Einwohnerzahlen gibt es in Wolfsburg einen erhöhten Ausbaubedarf. Im Jahr 2017 eröffneten so sechs weitere Kindertagesstätten. In den nächsten Jahren wird das Angebot sukzessive erweitert werden. Der quantitative, aber auch der qualitative Ausbau sind somit Hauptthemen in unserem Arbeitsbereich.

Eine gute Zusammenarbeit mit allen Trägern bildet eine wichtige Grundlage für unsere Arbeit. So wurden im Jahr 2015, im gemeinsamen Schulterschluss mit den Trägern, alle Kindertagesstätten von einem externen Institut qualitativ evaluiert.

Als Team arbeiten wir in unterschiedlichen Themenfeldern, die sich teilweise überschneiden. Im Sinne einer gemeinsamen Haltung ist der kontinuierliche Austausch für die Abstimmung der Arbeitsprozesse in Bezug auf die Stadtentwicklung sowie das aktuelle Tagesgeschäft unerlässlich. Dazu treffen wir uns in einer wöchentlichen Dienstbesprechung. Unsere trägerübergreifenden Hauptthemenfelder sind:

- Integration/Inklusion
- Familienzentren
- Qualitätsentwicklung
- Integration geflüchteter Familien
- Fachkräftegewinnung
- Fortbildungen
- Mitarbeit in Gremien
- Teambegleitung
- Kita-Ausbau

Neben diesen Hauptthemenfeldern gibt es auch vielfältige Anfragen im laufenden Tagesgeschäft. In dem folgenden Wochenüberblick möchten wir ausschnittsweise, wie in einem Tagebuch, einen Eindruck von unserer Arbeit vermitteln. Wir alle starten unseren Tag am PC, um aktuelle Anfragen aufzugreifen und in unsere Arbeitsplanung zu integrieren.

Montag (Marie Löbermann)

»Planung des Fachdialoges« steht heute auf meinem Tagesplan. Der Fachdialog mit allen Kita-Leitungen der Stadt Wolfsburg findet zweimal im Jahr statt. AdressatInnen des Fachdialoges sind trägerübergreifend alle Kita-Leitungen, das heißt, ich rechne mit 54 TeilnehmerInnen. Der Fachdialog findet immer zu einem aktuellen Thema statt und ähnelt einem Fachtag.

Heute sitzt das Team der Kita-Entwicklung zusammen, um diesen Tag zu planen. Nach Abstimmung des Themas geht es in die konkrete Planung des Tagesablaufes. Der Fachdialog soll zum Thema »Um ein Kind zu begleiten, braucht es ein ganzes Dorf – Herausfordernde Situationen im Kita-Alltag brauchen viele helfende Hände« stattfinden. Der Hintergrund: Immer wieder fallen Kinder in Gruppensituation auf und benötigen besondere Aufmerksamkeit. Dies kann Teams an Belastungsgrenzen führen, und häufig sind hier erst einmal Handlungsideen zu entwickeln.

Wenn wir uns als Team an die Planung eines solchen Tages setzen, nehmen wir uns zwei bis drei Stunden Zeit. Wir besprechen, wie wir den Tag strukturieren wollen, welche ReferentInnen wir einladen, welche Methoden wir anwenden wollen und wer welche Aufgaben übernimmt. Danach wird der Plan mit unserer Abteilungsleitung abgestimmt und der Finanzierungsbedarf geklärt. Im nächsten Schritt geht es in die Detailplanung: Räume müssen gebucht, Einladungen geschrieben und Aufträge erteilt werden. Die Moderation des Tages wird vorbereitet, mit allen Beteiligten werden Telefonate und Absprachen getätigt, und schlussendlich werden alle benötigten Materialien vorbereitet, Präsentationen erstellt und Materialkoffer gepackt.

Nach dem Fachtag wird eine Dokumentation erstellt, die allen Beteiligten zur Verfügung gestellt wird. Innerhalb des Teams reflektieren wir den Tag, um aus den Erfahrungen und Impulsen der Teilnehmenden für die kommenden Fachdialoge zu profitieren.

Weitere Aufgaben heute sind: Rücksprache mit einer Mitarbeiterin aus dem Flüchtlingsheim (dortige Betreuung im »Kinderraum«), Jour fixe in der »Abteilung Kindertagesstätten« der Stadt Wolfsburg, um der Leiterin das Handlungs-konzept »Kinderräume« vorzustellen.

Dienstag (Jana Rieche)

Im Rahmen meiner Aufgaben als Koordinatorin der »Regionalen Vereinbarung zur gemeinsamen Erziehung von Kindern mit (drohender) und ohne Behinderung in Wolfsburger Kindertagesstätten« habe ich den Bedarf an integrativen Krippen- und Kindergartenplätzen im Blick, um diesen mit der Kita-Fachplanerin der Abteilung Kindertagesbetreuung regelmäßig rückzukoppeln. Dafür gibt es alle acht Wochen einen Jour fixe von einer Stunde. Zur Vorbereitung werte ich die Anträge auf Eingliederungshilfe für eine integrative Betreuung aus und gleiche sie mit unserer Tabelle über freie integrative Plätze ab. Berücksichtigt werden dann noch die aus den Kitas angekündigten Bedarfe, das heißt Kinder, bei denen die ErzieherInnen im bevorstehenden Elterngespräch darauf aufmerksam machen, dass sie einen heilpädagogischen Förderbedarf sehen. Bei derzeit 112 integrativen Kindergarten- und zehn integrativen Krippenplätzen benötige ich für die Vorbereitung des Jour fixe rund drei Stunden. Unser Ziel ist es, eine proaktive Integrations-Bedarfsplanung zu implementieren, sodass Kindern mit heilpädagogischem Förderbedarf der Übergang in eine Integrationsgruppe ohne längere Verzugszeiten ermöglicht wird.

Im Anschluss an den Jour fixe gehe ich zu einem Termin von eineinhalb Stunden mit meinen städtischen KollegInnen aus dem Geschäftsbereich Soziales und Gesundheit, die für die Eingliederungshilfe zuständig sind. Wir treffen uns, um die Platzvergabe der integrativen Plätze für das kommende Kindergartenjahr zu besprechen. Durch diese enge Zusammenarbeit gibt es eine immens wichtige Schnittstelle zwischen den Arbeitsprozessen der Eingliederungshilfe und der Platzvergabe der integrativen Plätze. Verbunden sind hiermit zahlreiche Kommunikationsprozesse, zum Beispiel mit den Kita-Leitungen, den pädagogischen/heilpädagogischen Fachkräften aus den Kitas sowie den Eltern. Das Ziel der Zusammenarbeit ist, die Prozesse der Eingliederungshilfe und der Platzvergabe noch weiter für alle Beteiligten zu optimieren. Auch dieses Mal besprechen wir die aktuelle Situation und die sich daraus ergebenden Arbeitsaufträge.

Auf meiner To-do-Liste stehen nach dem Termin sowohl Nachfragen an Kita-Leitungen als auch an Eltern. Zurück im Büro werden Anfragen per Mail beantwortet und geschrieben, Telefonate geführt und Gesprächsvermerke zusammengestellt.

Dann kommt eine Mutter zu mir ins Büro. Sie versteht nicht, warum ihr Sohn jetzt den Kindergarten wechseln soll, um dann in einer integrativen Kindergartengruppe betreut zu werden. Gerade jetzt, wo er sich so wohlfühlt im Kindergarten und nach anfänglichen Schwierigkeiten jeden Morgen gerne dorthin geht. Trotz vieler anderer To-dos, die ich erledigen wollte, lese ich die amtsärztliche Stellungnahme, die die Mutter mitgebracht hat, und erkläre ihr die Chance der integrativen Betreuung für ihren Sohn. Die Mutter möchte die Entscheidung nicht ohne Rücksprache mit ihrem Mann treffen. Wir verabreden einen Termin in der kommenden Woche.

Mittwoch (Ricarda Gellrich)

8.00 Uhr: Beginn im Büro. Als erstes sichte ich mein Outlook. Es gibt einen Auftrag zur Stichworterstellung für das Jubiläum einer Kita. Eine Kita-Leitung hat unseren Oberbürgermeister zum Festakt eingeladen. Mein Auftrag besteht darin, die Stichworte für die Rede zu erstellen. Hierzu rufe ich die Kita-Leitung an, um genauere Informationen zum Festakt zu erhalten: Gibt es ein Thema? Wie sieht die Rednerliste mit dem Ablauf auf? etc.

10.00 Uhr: Teilnahme am Besprechungstermin »Beschäftigung von Seiteneinsteigern (hier: Sozialpädagogische AssistentInnen) in den städtischen Kitas«. Zu der Frage, ob und wie die Stadtverwaltung den Seiteneinstieg aufgrund des Fachkräftemangels fördern und umsetzen kann, arbeiten wir abteilungsübergreifend zusammen: Personalservice, Personalabteilung, Fachgebietsleitung städtische Kitas, Kita-Entwicklung.

Ab 13.00 Uhr finden Vorstellungsgespräche für Fachkräfte für die neuen städtischen Kitas statt. Hierzu musste ich zuvor Termine mit allen beteiligten TeilnehmerInnen (Personalrat, Leitung, Gleichstellungsreferat) koordinieren, einen Raum buchen, die Bewerbungseingänge sichten, BewerberInnen einladen sowie alle Unterlagen zur Durchführung zusammenstellen. Im Anschluss an die Gespräche gehe ich mit den Ergebnissen in die Rücksprache mit der Sachgebietsleitung, um die Zusagen und/oder Absagen abzustimmen. Für die Zusagen nehme ich Kontakt mit den BewerberInnen auf, erstelle Einstellungsvermerke und dokumentiere das gesamte Verfahren.

Donnerstag (Elke Mrosek)

7.00 Uhr: Beginn der Bürozeit; 9.00 Uhr: Dienstbesprechung (DB). Das Team arbeitet seit längerer Zeit an neuen Förderrichtlinien der Stadt Wolfsburg für die Kindertagesstätten mit. Heutiges Thema sind die sogenannten »inklusiven Fördermodule«, in denen es um Möglichkeiten geht, Kita-Gruppen zu unterstützen, die Kinder mit besonderem sozialpädagogischem Förderbedarf betreuen. Wir hatten aus der letzten Sitzung Arbeitsaufträge mitgenommen und stellen in der DB einander unsere bisherigen Arbeitsstände vor. Das schließt heute eine fachliche Diskussion mit ein, die von den unterschiedlichen pädagogischen und planerischen Perspektiven unserer Teammitglieder getragen wird und neue Fragen aufwirft. Bevor unser Handlungsvorschlag reif ist, um der Abteilungsleitung übergeben zu werden, gibt es also noch Klärungs- und Austauschbedarf, zum Beispiel mit VertreterInnen der Praxis. Entsprechende Arbeitsaufträge werden übernommen, und ein Nachfolgetermin wird vereinbart.

10.30 Uhr: Jour Fixe Familienzentren. Gleich anschließend findet ein zweiwöchentlicher Regeltermin gemeinsam mit meinen Kolleginnen aus Fachberatung und Fachplanung statt. Zusammen koordinieren wir trägerübergreifend die Entwicklung der Wolfsburger Familienzentren. Bei uns sind sowohl die fachliche Begleitung und das Fachcontrolling als auch die Ausbauplanung verankert. Für die Ausbauplanung gibt es in Intervallen politische Beschlüsse, die sukzessive realisiert werden. Immer wieder müssen die Pläne aktuellen Stadtentwicklungen angepasst werden, was die Zugehörigkeit der Fachplanerin zu unserem Team unschätzbar wertvoll macht.

Heute geht es zuerst um die Reflexion einer kürzlich stattgefundenen Exkursion in einen Stadtteil, in dem ein neues Familienzentrum entstehen soll und wir uns einen persönlichen Eindruck von den Verhältnissen vor Ort machen wollten. Die Exkursion hat uns wichtige Erkenntnisse gebracht, die wir heute intensiv diskutieren und versuchen, in die nächsten Planungsschritte zu integrieren. Es wird deutlich, dass auch hier Rückkoppelungsbedarf mit anderen Stellen besteht, sowohl bezüglich der konkreten Planung als auch der strategischen Ausrichtung weiterer Planungen. Also heißt es, unsere Anliegen bei Rücksprachen mit Führungskräften und in entsprechenden Gremien sinnvoll zu platzieren.

Zweiter wichtiger Punkt unserer Besprechung ist die Planung des nächsten Forums Familienzentren, das sechs Mal im Jahr stattfindet. Hier sind alle KoordinatorInnen, Leitungen, Träger- und StadtvertreterInnen zusammengefasst, um an gemeinsamen Themen zu arbeiten. Beispiele sind die sozialräumliche Vernetzung der Zentren, eine gemeinsame Elternbefragung, eine geplante Exkursion, gemeinsame Zielstellungen oder Arbeitsaufträge der Stadt Wolfsburg, wie zum Beispiel die Entwicklung eines Corporate Design für alle Familienzentren in der Stadt.

Anschließend ist kurz Zeit, um Anrufe zu beantworten und den Kalender zu aktualisieren.

13.30 Uhr: Baubesprechung. Für die vier neuen Kitas der Stadt Wolfsburg bin ich als Fachberatung in die Neubauplanungen involviert. Meine Aufgabe ist es, die Sachgebietsleitung und die Kita-Leitungen bei der pädagogischen Reflexion der Planungsarbeiten von ArchitektInnen und InnenarchitektInnen zu beraten. Heute liegen überarbeitete Grundrisse einer neuen Kita vor, die wir gemeinsam besprechen. Ich hatte den Plan vor einigen Tagen zugesandt bekommen und meine Anmerkungen dazu vorbereitet, die ich nun vorstelle.

Zeitgleich wartet die Innenarchitektin auf die Endfassung der Raumbücher, in denen wir für jeden Raum in jeder neuen Kita dessen Funktion und den Einrichtungsbedarf beschrieben haben. Das wird morgen meine Aufgabe sein, wenn ich Büro-Tag habe.

Freitag (Ricarda Gellrich)

Der Freitag ist meistens besprechungsfrei und daher als Büro-Tag für die Vor- und Nachbereitung von Terminen oder für andere aktuelle Aufgaben reserviert. So stelle ich zum Beispiel heute meinen Dienstreiseantrag für eine Fachtagung, formuliere die Stichworte für das Jubiläum (siehe Mittwoch), führe Telefonate zu Anfragen oder Arbeitsaufträgen, dokumentiere die Vorstellungsgespräche, erarbeite einen Teilbereich für eine Präsentation, die unsere Abteilungsleiterin im nächsten Jugendhilfeausschuss halten wird, lese den aktuellen Newsletter etc. Die Zeit, die für die mittelbare Arbeit benötigt wird, ist nicht zu verkennen.

Als Fachberatung decken wir eine große Bandbreite an Themen ab. Wir wissen es zu schätzen, dass wir, da wir in einem Team zusammenarbeiten, die Möglichkeit zum kollegialen Austausch vor Ort haben.

Auf den Dialog und den Raum für Reflexion kommt es an!
Wochenprotokoll einer Kita-Fachberaterin auf dem Land

Gudrun Rönsch

Mein Wirkungskreis als Fachberaterin ist der Evangelische Kirchenkreis Schlesische Oberlausitz. Er liegt im Landkreis Görlitz und in Teilen der Landkreise Bautzen sowie Oberspreewald-Lausitz und ist eine eher ländlich geprägte Region. Die Mehrzahl der 24 evangelischen Kindertageseinrichtungen liegt im Umkreis von Görlitz, Weißwasser und Hoyerswerda, neun Einrichtungen befinden sich im Stadtgebiet von Görlitz, zwei in Brandenburg; die älteste evangelische Kita mit 126 Jahren ist in Ruhland und die Kita »Weltentdecker« in Kroppen. Träger der Einrichtungen sind zum einen Kirchengemeinden und zum anderen Diakonische Träger bzw. ein Trägerverein.

Seit nunmehr 21 Jahren arbeite ich als Kita-Fachberaterin und war vorher selbst Erzieherin und Leiterin einer evangelischen Kita. Von 1996 bis 2000 absolvierte ich mein berufsbegleitendes Studium an der Hochschule Zittau/Görlitz und erwarb den Abschluss als Diplom-Sozialpädagogin. Für die Fachberatung in den 24 evangelischen Kindertageseinrichtungen steht mir ein Stellenumfang von 75 Prozent zur Verfügung. In der Regel arbeite ich von Montag bis Donnerstag.

Kurzer Rückblick

Politisch ist, besonders seit den Jahren 2005/2006, im Elementarbereich einiges geschehen. Der Sächsische Bildungsplan sowie die Grundsätze elementarer Bildung (Brandenburg) wurden Grundlagen der pädagogischen Arbeit. Zudem gab es in Sachsen die gesetzliche Verpflichtung, bis 2007 ein Qualitätsmanagementsystem zu implementieren. Ein Aufgabenbereich, den ich von Anfang an mit großem Interesse und mit Begeisterung begleitet habe und immer noch begleite. Ich bin überzeugt, dass durchdachte Strukturen und Abläufe sowohl Klarheit als auch Freiräume schaffen und zudem die Arbeitsbeziehungen entlasten.

Daher entwickelten wir in Anlehnung an den Nationalen Kriterienkatalog pädQuis sowie an das Rahmenhandbuch der Bundesvereinigung Evangelischer Kindertageseinrichtungen für Kinder e.V. mit dem Titel »Tragen leicht(er) gemacht« ein eigenes Instrument zur Unterstützung der Basis bei der Wahrnehmung der Trägeraufgaben. Zudem etablierte der Kirchenkreis von 2013 bis 2015, unter Beteiligung der Kita-Fachberatung, ein Kinderschutzkonzept. Die regelmäßig angebotenen Fortbildungen und Arbeitskreise orientieren sich in erster Linie am Bedarf der Leitungen und Mitarbeitenden der Kindertageseinrichtungen. Nicht zuletzt haben die Beratungen vor Ort bzw. per Telefon oder Mail einen großen Stellenwert.

Neben diesen Aufgaben gibt es einen regelmäßigen kollegialen Austausch zwischen den FachberaterInnen der evangelischen Kindertageseinrichtungen unserer Landeskirche Berlin Brandenburg schlesische Oberlausitz. Einmal im Jahr treffen wir uns zudem zu einer dreitägigen Klausurtagung und arbeiten an von uns selbst gewählten Thema – im vergangenen Jahr zum Beispiel zur »Dialogischen Grundhaltung in der Kita«. In diesem Jahr wird nun auch der Arbeitskreis der Kita-Fachberaterinnen der Landkreise Görlitz und Bautzen wieder ins Leben gerufen.

In den vergangenen Monaten absolvierte ich mit anderen BeraterkollegInnen aus Sachsen eine »Systemische Fortbildung für Kita-FachberaterInnen«, die vom Landesjugendamt veranstaltet wurde.

Obwohl sich der Kalender immer sehr schnell füllt, bekommen diese Zeiten des kollegialen Austausches und der Fort- und Weiterbildung ihren festen Platz in meiner Jahresplanung.

Wochenprotokoll

Montag
Häufig ist der Montag Schreibtischtag. Anfragen per Mail werden gesichtet und beantwortet, kurze Beratungen am Telefon durchgeführt, Fortbildungen und Arbeitskreise bzw. LeiterInnen-/Trägerkonvente – so heißen die regelmäßig stattfindenden Beratungen mit den Kita-LeiterInnen und TrägervertreterInnen – vorbereitet, Protokolle geschrieben ...

Dienstag
Am Dienstag geht es zu meiner Dienststelle nach Görlitz ins Kirchliche Verwaltungsamt. Hier ist einmal im Monat für 10 Uhr die große »Kita-Konferenz« angesetzt. Alle Mitarbeitenden, die sich mit dem Bereich Kita befassen – zum Beispiel der Personalabteilung, der Buchhaltung und des Arbeitsschutzes sowie die Kita-Fachberatung –, treffen sich regelmäßig, um die Belange jeder einzelnen evangelischen Kindertageseinrichtung in den Blick zu nehmen: Wie ist die aktuelle Personalsituation in der Kita? Wie kann die Finanzierung des Spielplatzes gelingen? Wie ist der aktuelle Stand beim Einzug der Elternbeiträge? Welche inhaltlichen

Themen liegen in der Kita gerade an? Diese und ähnliche Fragestellungen stehen im Vordergrund. Ziel ist auch hier die Unterstützung der Kirchengemeinden in der Wahrnehmung ihrer Träger- und Leitungsaufgaben.

Im letzten Jahr entwickelte die Kita-Fachberatung unter Beteiligung der LeiterInnen und TrägervertreterInnen und des Kita-Ausschusses eine Checkliste mit den Erfordernissen im Hinblick auf Leitung und Betriebsführung. Diese Checkliste soll als Leitfaden für die Praxis dienen, »damit im bewegten Alltagsgeschäft nichts wegrutscht«.

Künftig findet die Kita-Konferenz in den Kindertageseinrichtungen vor Ort statt. LeiterInnen und TrägervertreterInnen können so ganz unmittelbar aus »ihrer« Kita berichten und mitteilen, wo »der Schuh drückt« und wo sie Unterstützung benötigen. Gemeinsam können mögliche Handlungsansätze entwickelt werden.

Am Nachmittag findet der Arbeitskreis »Kollegiale Fallberatung« in der Kita »Guter Hirte« in Zodel statt: Fünf ErzieherInnen kommen um 15.30 Uhr, in der Regel nach ihrem Dienst, in eine der 24 Kindertageseinrichtungen, um sich kollegial auszutauschen. Konkrete Kita-Situationen aus dem Alltag – »Was könnte diesen Jungen bewegen, so zu handeln, und wie kann ich darauf eingehen, nachdem ich schon dieses und jenes versucht habe?« oder »Ich bekomme einfach keinen Draht zu dieser Mutter, habt ihr eine Idee?« – sind mögliche Fragestellungen während dieser Treffen. Eine leitende Mitarbeiterin einer in dieser Region ansässigen Erziehungsberatungsstelle nimmt regelmäßig an diesem Austausch teil. Ihre Sichtweisen bringen häufig noch einmal ganz neue Ansätze für das Vorgehen vor Ort.

Mittwoch

Am Mittwoch findet der LeiterInnenkonvent statt. Wie gewohnt startet er, bevor wir in die Tagesordnung einsteigen, mit einer Geschichte, einem Lied, einem Impuls zum Morgen. Wir denken an die Geburtstagskinder in unserer Runde und an die, die nicht dabei sein können. Dreimal im Jahr schließt sich ein Bericht aus den Einrichtungen an. Dies kann schon einmal gut eine Stunde in Anspruch nehmen. Da es wichtig ist, voneinander zu hören, planen wir gerne diese Zeit ein.

Das am häufigsten in diesen Berichtsrunden genannte Problem ist der unzureichende Personalschlüssel in den Einrichtungen. Nicht selten fehlen LeiterInnen zum Konvent, da sie unmittelbar in der Arbeit mit den Kindern gebraucht werden. Seit Jahren ist dies ein wesentliches Thema, auch im Unterausschuss Kita der Liga der Freien Wohlfahrtspflege. Es sind die Kita-LeiterInnen, auf denen Belastung und Verantwortung liegen, wenn Mitarbeitende wegen Krankheit (und dies nicht selten für längere Zeit) fehlen. Wo liegt die Grenze, wann die Kita geschlossen werden kann? Und was passiert dann mit dem Rechtsanspruch der Eltern? Hierzu will sich keiner der übergeordneten Stellen im Detail festlegen.

Ein Thema im LeiterInnenkonvent ist die mögliche Bildung eines regionalen Netzwerkes im Rahmen der Gemeinschaftsaktion »Qualität vor Ort« der Deutschen Kinder- und Jugendstiftung, des Bundes und der Jacobs Foundation. Die »Kooperation mit den Ausbildungsstätten« wäre nötig und ist auf meiner To-do-Liste – eine Liste, die ich immer bei mir trage, mit nie enden wollenden Anfragen und Aufgaben – seit Langem durch die Kita-LeiterInnen benannt. Doch auch hierfür braucht es, neben der Unterstützung durch NetzwerkkoordinatorInnen, eine »Kümmerin«, und ich blättere in meinem Kalender, ob dieses Projekt neben allen anderen Aufgaben noch in diesem Jahr leistbar ist. Am kommenden Dienstag werde ich mit einem der Netzwerkkoordinatoren telefonieren. In den kommenden Wochen heißt es, Netzwerkpartner auf regionaler Ebene zu finden.

Neben Informationen aus den beiden Bundesländern und den Landkreisen steht die Überarbeitung der Vorlage »Elternfragebogen« an. In Kleingruppen wird beraten, ergänzt und diskutiert, um die Ergebnisse dann ins Plenum zu bringen. Meine Aufgabe ist es, alle Anregungen und Vorschläge zusammenzuführen und eine Vorlage zu erarbeiten. »Schön wäre es, wenn wir die Ergebnisse gleich im PC zusammenfassen könnten.« Da muss ich mir wohl Gedanken machen, wie dies technisch zu lösen ist.

Später noch die Bitte der LeiterInnen, eine Stellenbörse für die evangelischen Kindertageseinrichtungen zu entwickeln. Ein weiterer Punkt auf der To-do-Liste. Bevor der Konvent endet eine Abstimmung zur diesjährigen LeiterInnen-Exkursion: Wir wollen zwei Kindertageseinrichtungen in Brandenburg konsultieren. Schwerpunkte sind dabei naturwissenschaftliche Bildung, evangelisches Profil und die Verabredung, dass in Kürze der Ablaufplan versandt wird. Irgendwie muss noch eine passende Gaststätte in der Region gefunden werden. Eine Leiterin kommt mit einer Anregung zu Hilfe, wunderbar! Nun heißt es noch, abschließende Absprachen mit den beiden Einrichtungen zu treffen, das Busunternehmen zu informieren, das Mittagessen zu bestellen und den Ablaufplan ansprechend zu gestalten. Es ist mir ein wichtiges Anliegen, dass dieser Aspekt der Gemeinschaftspflege und Wertschätzung neben allen anderen Angeboten seinen festen Platz bekommt.

Am Nachmittag findet dann ein Vor-Ort-Gespräch in einer unserer Görlitzer Kindertageseinrichtungen statt; die Sanierung des Gebäudes wird angedacht: Was muss im Vorfeld alles bedacht und nach welchem Konzept soll anschließend gearbeitet werden? Die »Öffnung der Gruppen«, ein Traum der Leiterin seit Langem, soll nun Gestalt annehmen. Dies wird sich auch im Raumkonzept niederschlagen. Im Augenblick sind noch viele Fragen offen.

Doch nun ins Büro, um letzte Vorbereitungen für den morgigen Tag zu treffen: Seit Monaten ist ein Kita-Klausurtag der beiden Kindertageseinrichtungen des Martinshof Rothenburg Bildungswerkes, der Kita »Spatzennest« in Klitten und der Kita »Arche« in Rothenburg zum Thema Kinderschutz geplant. Abschließend 14 Kinderschutzordner, Kopien, CD-Player etc. im Auto verstaut, und um 18.15 Uhr geht es in den Feierabend.

Donnerstag

Der Klausurtag beginnt um 8.30 Uhr in der Kita »Arche« in Rothenburg. Als ich gegen 8.15 Uhr eintreffe, herrscht schon reges Treiben. Gemeinsam haben die TeilnehmerInnen, zehn Frauen und zwei Männer, diesen Tag vorbereitet. Sie scheinen in gespannter Erwartung, was nun kommt. Gerade im Team der Kita »Arche« gab es in den letzten Monaten personelle Veränderungen, dies gilt es für mich am heutigen Tag unbedingt mit im Blick zu haben: der erste gemeinsame Klausurtag für das »neue« Team.

Nach Begrüßung, Vorstellung, Einstellung auf das Thema in Form eines »Stillen Gespräches« werden die Rechte der Kinder und was das ganz konkret für die Arbeit in der Kita heißt, thematisiert. Gemeinsam gehen wir den Kinderrechtekatalog – Ergebnis aus einem LeiterInnenkonvent 2014 und Bestandteil unseres Kinderschutzkonzeptes – durch. In Kleingruppen überlegen die TeilnehmerInnen, wann und in welcher Form sie die Kinder im Kita-Alltag beteiligen und inwiefern die Kinder ganz konkret die Möglichkeit zur Beschwerde haben. In dieser Arbeitseinheit sind alle lebhaft im Gespräch, und es wird deutlich, wie selbstverständlich die Kinder bereits beteiligt werden. Und es kommen noch weitere Ideen der Umsetzung hinzu. Ich selbst darf wieder einmal wahrnehmen, mit wieviel Sensibilität, Klugheit und Herzenswärme die Mitarbeitenden vor Ort unterwegs sind, und wie wichtig diese Zeiten der Reflexion sind.

Nach der Mittagspause gibt es eine fachliche Einführung und Zeit zum Üben im Hinblick auf das Thema »Gesprächsführung bei Verdacht auf Kindeswohlgefährdung«. Auch dazu existiert im Kinderschutzkonzept bereits ein Leitfaden, den wir in dieser Arbeitseinheit mit als Grundlage nutzen. Abschließend gehen wir noch gemeinsam den Verfahrensweg bei Verdacht auf Kindeswohlgefährdung durch.

Gegen 15 Uhr dann eine kurze Auswertung zum Tag: »... gut, dass es die Zeit zum einen für diese wichtigen Themen mit der Möglichkeit zum Austausch und zum Üben und zum anderen für ein besseres Kennenlernen gab – und schön, dass es kurzweilig und informativ war und unsere Beispiele vorkamen«, so die Rückmeldungen kurz zusammengefasst. Ich fahre zufrieden zurück ins Büro, es war ein guter Tag!

Chancen und Risiken der aktuellen und zukünftigen Arbeitssituation von FachberaterInnen
Ausgewählte Ergebnisse einer explorativen Befragung aus Sachsen (SWOT-Analyse)

Katrin Lattner | Claudia Hruska

Wenn es um die innovative Weiterentwicklung sowie die Sicherung der pädagogischen Standards in Kindertageseinrichtungen und Kindertagespflegestellen geht, rücken sowohl die Bedeutung als auch die Wirksamkeit von Fachberatung als ein Instrument der Qualitätssicherung in den Mittelpunkt der berufs- und fachpolitischen Diskussion (vgl. Hense 2010). Doch die Ansprüche an und das Aufgabenprofil der Fachberatung variieren hinsichtlich des Umfangs und des Ausmaßes (Preissing, Berry & Gerszonowicz 2015; Hense 2010). Längst existieren Forderungen, wonach sich FachberaterInnen neben der Beratung und Unterstützung von (früh-)pädagogischen Fachkräften mit Trägern und politischen Strukturen aktiv auseinanderzusetzen haben (Dupuis 1997).

Für eine kritische Auseinandersetzung mit dem Thema Fachberatung bedarf es zwangsläufig einer systematischen Analyse sowohl der vorhandenen wissenschaftlichen Forschung als auch der Fachpraxis (vgl. Münch 2010). Zwar nahm in den letzten Jahren die Anzahl von Fachbeiträgen und Positionspapieren zu (u.a. Staatsministerium für Soziales und Verbraucherschutz 2016; Preissing, Berry & Gerszonowicz 2015; Leygraf 2013; Deutscher Verein für öffentliche und private Fürsorge e.V. 2012), dennoch mangelt es an quantitativen und qualitativen, länder- und trägerübergreifenden Studien, die sich mit der Realität der FachberaterInnentätigkeit, genauer ihrer Ausgestaltung, sowie den strukturellen und rechtlichen Grundlagen des Unterstützungssystems der Kindertagesbetreuung näher beschäftigen (vgl. Preissing, Berry & Gerszonowicz 2015).

An dieser Stelle setzt das Forschungsprojekt »Explorative Befragung von sächsischen FachberaterInnen zu den Stärken, Schwächen, Risiken und Chancen ihrer aktuellen und der zukünftigen Arbeitssituation (SWOT-Analyse)« (Lattner & Hruska 2017) an, das an der Universität Leipzig konzipiert und anschließend umgesetzt wurde.

Ziel und Forschungsfragen der Fragebogenstudie

Ziel der explorativen Forschung war es, auf Grundlage der (Berufs-)Erfahrungen der in der Praxis tätigen FachberaterInnen im Land Sachsen vorhandene Stärken und Defizite, aber auch Chancen und Risiken ihrer aktuellen Tätigkeit zu ermitteln. Folglich kamen die FachberaterInnen selbst zu Wort, gaben Auskunft über die aus ihrer Sicht bedeutsamen Themen und erläuterten, welche beruflichen Anforderungen und Arbeitsbedingungen sie (kritisch) wahrnehmen. Ferner interessierte, wie sie sich die Zukunft der FachberaterInnentätigkeit vorstellen und worauf sie dabei besonderen Wert legen. Forschungsleitend waren unter anderem folgende Fragen:

- Wodurch zeichnet sich aus Sicht der in der Praxis tätigen FachberaterInnen die aktuelle berufliche Situation aus?
- Wo liegen die Stärken, Schwächen, Risiken und Chancen der beruflichen Tätigkeit?
- Welche Veränderungen wünschen sich die FachberaterInnen für die Zukunft der Fachberatung?
- Welche Stärken, Schwächen, Risiken und Chancen werden die FachberaterInnentätigkeit in Zukunft charakterisieren?

Das Vorgehen: Methodik und Stichprobe

Beschreibung der Methode

Die FachberaterInnen wurden mit einem selbst entwickelten Fragebogen schriftlich befragt. Insgesamt umfasst der Fragebogen zehn Fragen, die sechs themenspezifischen Teilbereichen zugeordnet sind:

- Teil A: Fragen zur Person
- Teil B: Frage zu den Veränderungswünschen für die Zukunft der Fachberatung
- Teil C: Fragen zu den Stärken, Chancen, Schwächen und Risiken der aktuellen Arbeitssituation (SWOT-Analyse)
- Teil D: Fragen zu den Stärken, Chancen, Schwächen und Risiken der zukünftigen Arbeitssituation (SWOT-Analyse)
- Teil E: Frage nach dem Interesse an einem Interview zum Thema »Zukünftige Entwicklungen der Fachberatung in Sachsen«
- Teil F: Kontaktdaten für ein Interview

Die Informationen zur aktuellen und zukünftigen Arbeitssituation wurden mit der Arbeitsfeldanalyse (SWOT-Analyse[11]) erfasst und inhaltsanalytisch ausgewertet (vgl. Froschauer & Lueger 2003).

Beschreibung der Stichprobe

Der Fragebogen wurde an die TeilnehmerInnen der Jahrestagung für FachberaterInnen in Sachsen Anfang März 2016 in Meißen verteilt (1. Befragungswelle; N1 = 5; 17%iger Rücklauf). Sowohl die geringe Teilnahme an der schriftlichen Befragung in Meißen als auch der Umstand, dass die Mehrzahl der sächsischen FachberaterInnen bei der Jahrestagung fehlte, führten zur Durchführung einer Nacherhebung (2. Befragungswelle). Dafür wurden 113 Adressen von FachberaterInnen in den Landkreisen und kreisfreien Städten in Sachsen recherchiert. Der Versand des Fragebogens erfolgte per Mail Ende März 2016 (N2 = 10; 9%iger Rücklauf). Insgesamt nahmen 15 FachberaterInnen aus Sachsen an der schriftlichen Befragung teil (NGesamt = 15).

Von den 15 FachberaterInnen beantworteten zehn die Fragen zu ihrer Person: Sie sind zwischen 30 und 59 Jahre alt. Neun FachberaterInnen gaben Auskunft über ihre Trägerschaft. Davon arbeiten fünf bei einem öffentlichen Träger und vier bei einem freien Träger. Hinsichtlich der zu betreuenden Kindertageseinrichtungen und Kindertagespflegestellen zeigt sich, dass fünf der zehn Befragten nur für Kitas zuständig sind. Sie betreuen aktuell zwischen elf und 53 Kindertageseinrichtungen, sodass nach eigener Auskunft zwischen 130 und 500 frühpädagogische Fachkräfte ihre Beratung in Anspruch nehmen könn(t)en. Vier Befragte arbeiten ausschließlich mit Kindertagespflegestellen zusammen und beraten derzeit zwischen 32 und 82 Tagespflegepersonen. Eine Person ist aktuell sowohl für 57 Kindertageseinrichtungen als auch 24 Kindertagespflegestellen verantwortlich. Hinsichtlich der beruflichen Situation der FachberaterInnen zeigt sich, dass fünf in Vollzeit und fünf in Teilzeit arbeiten.

---

11 Bei der SWOT-Analyse (engl. »strengths«: Stärken; »weaknesses«: Schwächen; »opportunities«: Chancen; »threats«: Risiken) handelt es sich um eine Untersuchungsmethodik – genauer eine Gruppendiskussion –, die »in hohem Maße mit subjektiven Einschätzungen arbeitet« (Wollny & Paul 2015, S. 190) und der sachlichen und ergebnisoffenen Bestandsaufnahme einer Situation, eines Projektes oder einer Institution dient (vgl. Seyfried 2009, S. 16f.). Im Unterschied zu dem von Moser (2015) formulierten Ablaufschema der SWOT-Analyse wurde in der Fragebogenstudie auf eine Gruppendiskussion zugunsten einer schriftlichen Befragung jedes/r einzelnen FachberaterIn verzichtet.

Ausgewählte Ergebnisse

Nachfolgend werden ausschließlich die Ergebnisse zu den Chancen und Risiken der aktuellen und zukünftigen Arbeitssituation aus Sicht der befragten FachberaterInnen zusammengefasst dargestellt. Zu beachten ist, dass die vorliegenden Untersuchungsergebnisse in Anbetracht der Stichprobengröße und des gewählten Forschungsdesigns *nicht* verallgemeinerbar sind.

Chancen der aktuellen und zukünftigen Arbeitssituation

Welche Chancen weist aus Sicht der befragten FachberaterInnen ihre aktuelle berufliche Situation auf? Elf der 15 Befragten äußerten sich zu Chancen ihrer derzeitigen Arbeitssituation, die sich in folgende Bereiche einteilen lassen: a) Aussagen zu Chancen, die Fachberatung in ihrer beruflichen Tätigkeit erzeugt, b) Aussagen zu Chancen, die für die Fachberatung durch Kitas-Teams und Kindertagespflegepersonen entstehen und c) Aussagen zu Chancen für die Fachberatung, die durch Träger, Politik und Gesellschaft beeinflusst werden.

- **Chancen, die Fachberatung in ihrer beruflichen Tätigkeit erzeugt:** Sechs Befragte beschrieben die Chancen, durch Fachberatung frühpädagogische Fachkräfte bei der (Weiter-)Entwicklung in den Einrichtungen zu begleiten, sie für Neues zu motivieren, zwischen ihnen und Eltern zu vermitteln, Reflexionsprozesse zu unterstützen, Informationen zu liefern und Impulse zu geben sowie Lobbyarbeit für die Tagespflegepersonen zu betreiben. Zwei Befragte sahen es als Chance für sich an, dass die Tätigkeit der Fachberatung vielseitige Aufgabenschwerpunkte beinhaltet, die durch sie selbst gesetzt werden können. Ebenfalls zwei Befragte sehen die Chance in der Zusammenarbeit mit den Akteuren des frühpädagogischen Bildungs-, Erziehungs- und Betreuungssystems im Sinne einer vertrauensvollen, individuell zu gestaltenden und langjährigen Arbeitsbeziehung.
- **Chancen, die für die Fachberatung durch Kitas-Teams und Kindertagespflegepersonen entstehen:** Für zwei Befragte liegt die Chance für Fachberatung darin, dass Kitas zunehmend Fachberatung einfordern und einen Veränderungsbedarf erkennen. Dabei wirken sich die Freiwilligkeit sowie die bedarfsorientierte Gestaltung der Beratungsangebote positiv auf die Zusammenarbeit mit den Kita-Fachkräften aus.
- **Chancen für die Fachberatung, die durch Träger, Politik und Gesellschaft beeinflusst werden:** Drei Befragte benannten es als Chance, wenn sie auf einen kollegialen Austausch, auf Supervisionen und trägerübergreifende Angebote und Vernetzungen zurückgreifen können. Zudem erachtet eine Befragte die neuen bildungspolitischen Entwicklungen für die Fachberatung als Chance.

Welche Chancen wird aus Sicht der befragten FachberaterInnen ihre zukünftige berufliche Situation aufweisen? Von den 15 befragten FachberaterInnen haben elf Personen denkbare Chancen für die Zukunft der Fachberatung benannt. Die Aussagen zu den zukünftigen Chancen der Fachberatung lassen sich denselben Kategorien zuordnen, die bereits bei der Kategorisierung der Chancen der derzeitigen Arbeitssituation identifiziert wurden.

- **Chancen, die Fachberatung in ihrer beruflichen Tätigkeit erzeugt:** Aus Sicht von drei FachberaterInnen liegen die Chancen, die Fachberatung in ihrer beruflichen Tätigkeit in Zukunft erzeugt, darin, dass sie ExpertInnen für ein abgegrenztes Themengebiet werden und als Reflexionsinstrument sowie Impuls- und Informationsgeber die frühpädagogischen Fachkräfte in der Praxis bestärken und bei der Weiterentwicklung von Prozessen in den Kitas beraten, ohne dabei die Fachaufsicht übernehmen zu müssen.
- **Chancen, die für die Fachberatung durch Kitas-Teams und Kindertagespflegepersonen entstehen:** Für drei Befragte liegt die Chance für Fachberatung in Zukunft darin, dass die frühpädagogischen Fachkräfte die FachberaterInnen als zuverlässige AnsprechpartnerInnen zukünftig anerkennen, in einem engen Kontakt mit ihnen stehen und die Möglichkeiten der Hospitationen nutzen, um von ihnen intensiv beim systematischen Aufbau der Einrichtungen begleitet zu werden.
- **Chancen für die Fachberatung, die durch Träger, Politik und Gesellschaft beeinflusst werden:** Sechs Befragte benannten die Stärkung des Berufsstandes, eine höhere finanzielle Eingruppierung und gesicherte finanzielle Ressourcen sowie die Anerkennung, dass Fachberatung unverzichtbar ist als Chance für die Zukunft. Weitere Chancen liegen ihrer Meinung nach in einer bundesweiten Beschreibung der Aufgaben und Leistungen von Fachberatung, in klareren Vorgaben und Verbindlichkeiten, in einer trägerübergreifenden Vernetzung und in der Verbindung von Lernwelten (Praxis – Theorie – Politik), in ausreichend vorhandenen und finanzierten Fortbildungs- und Weiterbildungsangeboten sowie in Supervisionen für die beratenden Fachkräfte, mit dem Ziel, die Handlungssicherheit der FachberaterInnen zu stärken.

Risiken der aktuellen und zukünftigen Arbeitssituation

Welche Risiken weist aus Sicht der befragten FachberaterInnen ihre aktuelle berufliche Situation auf? Von den 15 befragten FachberaterInnen haben zwölf Personen die von ihnen identifizierten Risiken ihrer derzeitigen Arbeitssituation in der SWOT-Analyse angegeben. Die Risiken lassen sich in folgende Bereiche einteilen: a) Aussagen zu Risiken, mit denen FachberaterInnen in ihrer beruflichen Tätigkeit konfrontiert werden, b) Aussagen zu Risiken, die für die FachberaterInnen durch Kitas-Teams und Kindertagespflegepersonen entstehen und c) Aussagen zu Risiken für die FachberaterInnen, die durch Träger, Politik und Gesellschaft beeinflusst werden.

- **Risiken, mit denen Fachberatung in ihrer beruflichen Tätigkeit konfrontiert wird:** Für zehn Befragte liegen die Risiken in der Rollendiffusion (Fachberatung versus Fachaufsicht), im krankheitsbedingten Personalmangel, in der Unzufriedenheit, Überforderung, Überlastung und der (zu) hohen Verantwortung der Fachberatung sowie in den (zu) vielen, verschiedenen und parallel auszuführenden Aufgaben, die zu einer »Verzettelung« führen. Weitere Risiken ergeben sich aus der räumlichen und zeitlichen Flexibilität (z.B. Abendtermine, Fortbildungen am Wochenende) der Beratungstätigkeit, dem fehlenden Kontakt zu den Kitas und der oft nicht möglichen kontinuierlichen Beratung der Teams, wodurch FachberaterInnen in der »Feuerwehr«-Funktion in Anspruch genommen werden und als Schnittstelle zwischen Träger und Kita vermitteln (sollen). Ein weiterer Risikofaktor besteht im eigenen hohen Anspruch der FachberaterInnen, der zusätzlich zu einem Zuviel an Aufgaben führen kann.
- **Risiken, die für die Fachberatung durch Kitas-Teams und Kindertagespflegepersonen entstehen:** Aus Sicht von drei Befragten fordern Kita-LeiterInnen zu spät Hilfe an und sind durch die alltäglichen Belastungen in der Praxis nicht offen für die Fachberatung. Zugleich tragen sowohl die Kita-MitarbeiterInnen als auch Fachkräfte der Kindertagespflege (zu) viele Wünsche und Erwartungen an die FachberaterInnen heran.
- **Risiken für die Fachberatung, die durch Träger, Politik und Gesellschaft beeinflusst werden:** Aus Sicht von drei Befragten gehören die fehlende Unterstützung durch die Politik, die niedrige Eingruppierung der FachberaterInnen und die politischen Umbrüche (»Rechtsruck«) sowie die sich daraus ergebenden beruflichen Herausforderungen für die Fachberatung zu den Risiken.

Welche Risiken wird aus Sicht der befragten FachberaterInnen ihre zukünftige berufliche Situation aufweisen? Von den 15 befragten FachberaterInnen haben acht Personen verschiedene Risiken für ihre zukünftige Arbeitssituation identifiziert. Diese gehören folgenden vier Bereichen an: a) Aussagen zu keinen Risiken, b) Aussagen zu Risiken, mit denen Fachberatung in ihrer beruflichen Tätigkeit konfrontiert wird, c) Aussagen zu Risiken, die für die Fachberatung durch Kitas-Teams und Kindertagespflegepersonen entstehen und d) Aussagen zu Risiken für die Fachberatung, die durch Träger, Politik und Gesellschaft beeinflusst werden.

- **Keine Risiken:** Zwei Befragte sehen für die Zukunft keine Risiken für die Fachberatung.
- **Risiken, mit denen Fachberatung in ihrer beruflichen Tätigkeit konfrontiert wird:** Vier Befragte sehen die Risiken für die zukünftige Arbeitssituation in den zu hohen Zielen und in der zu geringen Frustrationstoleranz der FachberaterInnen, in der Rollendiffusion (Fachberatung versus Fachaufsicht) und im krankheitsbedingten Personalmangel sowie in der Spezialisierung der Fachberatung, wodurch mehrere FachberaterInnen in einer Einrichtung tätig werden (sollen).
- **Risiken, die für die Fachberatung durch Kitas-Teams und Kindertagespflegepersonen entstehen:** Zwei befragte FachberaterInnen ergänzen die Risiken um die zukünftig auftretende Versorgungs- und Aufsichtslücke für Kitas, die durch den Personalmangel entstehen wird, sowie die aufseiten der Kita-MitarbeiterInnen fehlende Zeit für Fachberatung.
- **Risiken für die Fachberatung, die durch Träger, Politik und Gesellschaft beeinflusst werden:** Zwei Befragte sehen politische Umbrüche (»Rechtsruck«) und das unbestimmte Arbeitsfeld als mögliche zukünftige Risiken.

Zusammenfassung der ausgewählten Ergebnisse der Fragebogenstudie

Die Ergebnisse der Befragung verdeutlichen, dass sich die Aussagen der FachberaterInnen zu den Chancen und Risiken ihrer Arbeitssituation teils decken, teils ergänzen. Gänzlich voneinander abweichende Meinungsbilder treten kaum bis gar nicht auf. Stattdessen zeichnet sich ein Bild ab, in dem sich die gegenwärtige bzw. zukünftige berufliche Situation der FachberaterInnen durch zahlreiche Chancen, aber auch diverse Risiken auszeichnet bzw. auszeichnen wird.

Die derzeitigen Chancen reichen von der dauerhaften Begleitung, Motivation, Stärkung, Reflexion und Information der (früh-)pädagogischen Fachkräfte über die zunehmende Einforderung von (Fach-)Beratung durch das Fachpersonal der Einrichtungen bis hin zu trägerübergreifenden Angeboten, Austauschprozessen und Netzwerken für FachberaterInnen. In Zukunft werden die Chancen der Fachberatung aus Sicht der Befragten unter anderem darin liegen, frühpädagogische Fachkräfte themenspezifisch im Rahmen von (Weiterbildungs-)Prozessen in den Einrichtungen zu begleiten, zu unterstützen und zu informieren, ohne die Fachaufsicht übernehmen zu müssen, wobei die VertreterInnen der Träger und Politik und deren Entscheidungen maßgeblich die Chancen für die zukünftige Arbeitssituation der FachberaterInnen beeinflussen (werden). Folglich weisen die Aussagen zu den durch Fachberatung entstehenden Chancen darauf hin, dass dieses Unterstützungssystem für Kitas »federführend dazu bei[trägt], neuere konzeptionelle und politisch gewünschte strukturelle Entwicklungen im Bereich der frühkindlichen Bildung und Erziehung zu unterstützen, in die Praxis zu implementieren und durchzusetzen« (Herrenbrück et al. 2011, S. 5).

Im Fokus der aktuellen Risiken bei der Tätigkeit als FachberaterIn stehen aus Sicht der Befragten unter anderem die Überlastung, Überforderung, Unzufriedenheit, eine hohe räumliche und zeitliche Flexibilität sowie eine Rollendiffusion (Fachberatung versus Fachaufsicht) und die erlebte »Feuerwehr«-Funktion. Dass Kita-Leitungen zu spät Hilfe anfordern und aufgrund alltäglicher Belastungen für Beratungen nicht offen sind oder mit vielen Wünschen und Erwartungen an FachberaterInnen herantreten, erachten die Befragten als Risiken, die um politische Umbrüche sowie die fehlende Unterstützung und niedrige tarifliche Eingruppierung der Fachberatung ergänzt werden. Allerdings rücken bei der Einschätzung der beruflichen Zukunft der Fachberatung die Risiken in den Hintergrund. Zwar werden weniger, aber aus Sicht der Befragten dieselben Risiken die zukünftige Arbeit der Fachberatung kennzeichnen.

Die Aussagen aus der Befragung unterstreichen den Eindruck, dass der zukünftige Erfolg und die (Entwicklungs-)Chancen der Fachberatung primär von (besseren) organisatorischen Strukturen abhängen: Diese reichen von zusätzlichem Personal, ausreichend zeitlichen Ressourcen (z.B. für die Vor- und Nachbereitung, Dokumentation, praxisnahe Begleitung der frühpädagogischen Fachkräfte), verbesserten Arbeitsbedingungen über eine hohe Struktur- und Orientierungsqualität bis hin zu ausreichend finanziellen Mitteln für die Fachberatung.

Ausblick

Mit Blick auf die aktuelle Diskussion über Qualität im frühkindlichen Bildungssystem wird auf verschiedenen Ebenen nach Möglichkeiten zur Verbesserung der Qualität der Bildungseinrichtungen gesucht (Becker-Stoll 2014; Tietze et al. 2013). Im Prozess der Qualitätsentwicklung sind (früh-)pädagogische Fachkräfte gefordert, sowohl ihr professionelles Handeln und Wissen als auch ihre Kompetenzen stetig weiterzuentwickeln. Die Fachberatung ist im deutschen Kinderbetreuungssystem ein wichtiger Bestandteil, um die Qualitätsentwicklung zu moderieren und aktiv zu unterstützen. Ob dieser diskursive Prozess in Zukunft gelingen kann, wird zuvorderst durch die Rahmenbedingungen, die Methoden der Qualitätsentwicklung unter Mitwirkung der Träger, Einrichtungen und der (früh-)pädagogischen Fachkräfte sowie FachberaterInnen bestimmt.

Literatur

Becker-Stoll, F. (2014): Stellungnahme zur öffentlichen Anhörung zur Verbesserung des Ausbaus und der Qualität der Kindertagesstätten im Ausschuss für Familie, Senioren, Frauen und Jugend des Deutschen Bundestages am 10.11.2014. München.

Deutscher Verein für öffentliche und private Fürsorge e.V. (2012): Empfehlungen des Deutschen Vereins zur konzeptionellen und strukturellen Ausgestaltung der Fachberatung im System der Kindertagesbetreuung. Berlin.

Dupuis, A. (1997): Neue Steuerungsmodelle: Qualitätsstandards in Kindertageseinrichtungen und die Rolle der Fachberatung. In: Qualifizierung lohnt sich. Freiburg: Lambertus.

Froschauer, U. & Lueger, M. (2003): Das qualitative Interview. Wien: Facultas.

Hense, M. (2010): Fachberatung für Kindertageseinrichtungen im Spiegel der Fachliteratur. In: M. Hense (Hrsg.): Fachberatung für Kindertageseinrichtungen. Erfolgschancen erhöhen. Göttingen: Vandenhoeck & Ruprecht, S. 11–24.

Herrenbrück, S.; Kägi, S.; Karsten, M.E. & Müller, J. (2011): Fachberatung – zwischen Etablierung und Veränderungsdruck. Ein ungeregeltes Berufsbild auf der Suche nach Profil. Theorie und Praxis der Sozialpädagogik (TPS), 4, 4-7.

Karsten, M.-E. (2011): Fachberatung revisited. »Shakespeare-Bühnen« in der Elementarpädagogik. Theorie und Praxis der Sozialpädagogik (TPS), Schwerpunktheft 4, 16–32.

Lattner, K. & Hruska, C. (2017): Explorative Befragung von sächsischen Fachberatern/-innen zu den Stärken, Schwächen, Risiken und Chancen ihrer aktuellen und der zukünftigen Arbeitssituation (SWOT-Analyse). Forschungsprojekt der Universität Leipzig. Leipzig.

Leygraf, J. (2013): Fachberatung in Deutschland. Eine bundesweite Befragung von Fachberater/-innen und Fachberaterin für Kindertageseinrichtungen: Zehn Fragen – Zehn Antworten. Eine Studie der Weiterbildungsinitiative Frühpädagogische Fachkräfte (WiFF). München: DJI.

Moser, H. (2015): Instrumentenkoffer für die Praxisforschung. Eine Einführung. Freiburg: Lambertus.

Münch, M.-T. (2010): Standortbestimmung und Neuorientierung. In: M. Hense (Hrsg.): Fachberatung für Kindertageseinrichtungen. Erfolgschancen erhöhen. Göttingen: Vandenhoeck & Ruprecht, S. 43–57.

Preissing, C.; Berry, G. & Gerszonowicz, E. (2015): Fachberatung im System der Kindertagesbetreuung. In: S. Viernickel, K. Fuchs-Rechlin, P. Strehmel, C. Preissing, J. Bensel & G. Haug-Schnabel (Hrsg.): Qualität für alle. Wissenschaftlich begründete Standards für die Kindertagesbetreuung. Freiburg: Herder, S. 253–316.

Seyfried, E. (2009): Methoden zur Ermittlung von Förderbedarfen und Potentialen: SWOT-Analyse, Strategieplanung und Ex-ante-Bewertung. Berlin.

Staatsministerium für Soziales und Verbraucherschutz (2016): Aktuelle Situation der Fachberatung für Kindertageseinrichtungen und Kindertagespflege in Sachsen 2014/15. Chemnitz.

Tietze, W.; Becker-Stoll, F.; Bensel, J.; Eckhardt, A.; Haug-Schnabel, G.; Kalicki, B.; Keller, H. & Leyendecker, B. (2013): Nationale Untersuchung zur Bildung, Betreuung und Erziehung in der frühen Kindheit (NUBBEK). Weimar: verlag das netz.

Wollny, V. & Paul, H. (2015): Die SWOT-Analyse: Herausforderungen der Nutzung in den Sozialwissenschaften. In: M. Niederberger & S. Wassermann (Hrsg.): Methoden der Experten- und Stakeholdereinbindung in der sozialwissenschaftlichen Forschung. Wiesbaden: Springer VS, S. 189–213.

Aufgabenverständnis von Fachberatung versus Erwartungen aus der Praxis
Befragungsergebnisse aus Niedersachsen

Hilka Neunaber

Das im Folgenden vorgestellte Forschungsvorhaben zum Thema Fachberatung ergab sich im Rahmen eines Masterstudiums der Erziehungs- und Bildungswissenschaften an der Universität Bremen. In Kooperation mit dem Niedersächsischen Institut für frühkindliche Bildung und Entwicklung (*nifbe* e.V.) wurden Fragebögen mit hauptsächlich geschlossenen Fragen an 352 FachberaterInnen und 500 Kindertageseinrichtungen in Niedersachsen versandt. Davon haben insgesamt 78 FachberaterInnen (Rücklaufquote = 22 %) und 169 Fachkräfte (Rücklaufquote = 34 %) geantwortet. Die Erhebung ist damit nicht repräsentativ, zeigt aber dennoch erste und nicht zu vernachlässigende Tendenzen für das Thema Fachberatung auf.

Wesentliche Ergebnisse

Bei dieser Befragung zeigt sich, dass mit 58 Prozent überwiegend Leitungen aus den Kindertageseinrichtungen geantwortet haben. Mit 37 Prozent waren auch ErzieherInnen (ohne Leitungsfunktion) unter den Befragten aus der Praxis. Bei den FachberaterInnen waren es mit 68 Prozent überwiegend AbsolventInnen eines pädagogischen Studiums, gefolgt von elf Prozent ErzieherInnen mit Leitungserfahrungen.

Zum Alter der Befragten lässt sich feststellen, dass sich in der Kita-Praxis ein Mittelwert von 45 Jahren errechnen lässt. Der Altersmittelwert der Fachberatung liegt bei dieser Erhebung bei 47 Jahren, 41 Prozent sind mehr als sechs Jahre in dem Beruf tätig. Zum Qualifizierungsgrad ergab die Untersuchung, dass 72 Prozent der befragten FachberaterInnen aus Niedersachsen einen Hochschulabschluss haben. 52 Prozent der FachberaterInnen sind für weniger als 21 Einrichtungen zuständig, aber immerhin 33 Prozent für mehr als 40 Einrichtungen (vgl. Empfehlungen von Preissing, S. 23).

Die Umgangsweisen von Fachberatung werden sowohl von der Praxis als auch von den FachberaterInnen selbst als positiv eingeschätzt. Fachberatung in Niedersachsen zeichnet sich den Ergebnissen nach vor allem durch Ehrlichkeit/ Transparenz, Wertschätzung und Freundlichkeit aus. Am wenigsten wirkt Fachberatung laut dieser Erhebung steuernd.

Allerdings zeigt das Ergebnis der aktuellen Erhebung, dass sich die Fachberatung signifikant positiver in den Umgangsweisen bewertet als die Praxis. Hier wäre ein Anknüpfungspunkt für Fachberatung, die eigenen Umgangsweisen mit der Praxis noch einmal genauer zu reflektieren (vgl. auch May et al.).

Aufgabenverständnis: Welche Bedeutung haben die folgenden Aufgaben für Ihre Tätigkeit?

Aufgabe	Bedeutung für Fachberatung Mittelwert (Ranking)	Bedeutung für die Praxis Mittelwert (Ranking)
Beratung Leitung	1,73 (1)	2,01 (1)
Planung von Fort- und Weiterbildung	2,13 (2)	2,60 (7)
Konzeptentwicklung	2,16 (3)	2,47 (4)
Beratung Team	2,18 (4)	2,37 (2)
Transfer Wissenschaft	2,20 (5)	2,53 (6)
Einzelfallberatung	2,29 (6)	2,41 (3)
Vernetzung	2,32 (7)	2,70 (9)
Qualitätsmanagement	2,38 (8)	2,48 (5)
Fachaufsicht	3,44 (9)	2,89 (10)
Dienstaufsicht	4,21 (10)	3,32 (11)
Beratung des Träger	F	2,61 (8)

Aus der Tabelle wird ersichtlich, dass die Praxis personenbezogener Beratung eine hohe Bedeutung zuschreibt (Platz 1: Beratung von Leitung, Platz 2: Beratung des Teams, Platz 3: Einzelfallbesprechung). Die Fachberatung schreibt der Beratung von Leitung (Platz 1) ebenfalls die höchste Priorität zu. Danach folgen jedoch Aufgaben, die sich eher auf die berufliche Qualifizierung (Platz 2: Planung/Organisation von Fort- und Weiterbildung) und auf die berufliche Profilierung (Platz 3: Unterstützung bei der Konzeptentwicklung) beziehen. Hier ließe sich interpretieren, dass die Praxis unmittelbar in das Geschehen involviert ist und somit diese direkten Aufgaben als besonders wichtig empfindet. Der Fachberatung könnte eher eine Sicht von außen zugeschrieben werden, weshalb sie das ganze System Kindertagesbetreuung fokussiert und den Schwerpunkt auf die allgemeine Qualifizierung bzw. Profilierung aller beteiligten Akteure setzt. Allerdings sind die Unterschiede in der Bedeutungszuschreibung nicht signifikant. Somit lässt sich feststellen, dass Praxis und Fachberatung den Aufgaben von Fachberatung eine ähnliche Bedeutung zuschreiben.

Aufsichtsfunktionen haben bei beiden Gruppen am wenigsten Bedeutung. Hier wäre interessant zu untersuchen, warum das so ist. Es könnte sein, dass die Praxis diesen Aufgaben so wenig Bedeutung beimisst, weil sie darin wenig oder keinen Nutzen für ihre Arbeit erkennen kann. Die anderen Aufgaben könnten mehr den Eindruck erwecken, dass sie die Arbeit der Praxis positiv unterstützen. Das Wort Aufsicht löst möglicherweise zudem negative Assoziationen wie Kontrolle aus. Bei der Fachberatung, aber auch bei der Praxis, könnte hinter dieser geringen Bedeutungszuweisung aber auch die fehlende Passung von Fach- und/oder Dienstaufsicht mit den anderen beratenden Aufgaben von Fachberatung stehen. Hier ist anzumerken, dass die meisten FachberaterInnen keine Fach- und/oder Dienstaufsicht haben. Diese Tatsache sorgt sicherlich auch dafür, dass diese Aufgaben auf den hinteren Rängen liegen.

Bei der Einschätzung der Passung der Aufgabenbedeutung und der Umsetzung durch die Fachberatung zeigt sich eine hohe Übereinstimmung. Die Praxis gibt an, dass die Aufgaben von Fachberatung, denen sie eine hohe Bedeutung zuschreiben, auch im hohen Maße umgesetzt werden. Daraus lässt sich interpretieren, dass Fachberatung ein gutes Gespür für die Belange der Praxis zeigt.

Die Fachberatung wurde im Fragebogen gebeten, die Erwartungen der Einrichtungen an sie als Fachberatung einzuschätzen. Die folgende Tabelle zeigt die Gegenüberstellung der Einschätzung durch die Fachberatung und der Bedeutungszuschreibung durch die Praxis.

Einschätzung der Praxis *durch die Fachberatung*	Bedeutungszuschreibung *durch die Praxis*
1. Beratung Leitung	1. Beratung Leitung
2. Beratung Team	2. Beratung Team
3. Einzelfallbesprechung	3. Einzelfallbesprechung
4. Konzeptentwicklung	4. Konzeptentwicklung
5. **Organisation/Planung Fort- und Weiterbildung**	5. **Qualitätsmanagement**
6. Transfer Wissenschaft/Bildungspolitik	6. Transfer Wissenschaft/Bildungspolitik
7. **Qualitätsmanagement**	7. **Organisation/Planung Fort- und Weiterbildung**
8. Trägerberatung	8. Trägerberatung
9. Vernetzung	9. Vernetzung
10. Fachaufsicht	10. Fachaufsicht
11. Dienstaufsicht	11. Dienstaufsicht

Das Ergebnis zeigt, dass es den FachberaterInnen gelungen ist, die Erwartungen fast hundertprozentig einzuschätzen. Nur zwei Platzierungen zeigen einen Unterschied. Die Fachberatung hat die »Organisation/Planung Fort- und Weiterbildung« höher eingeschätzt. Somit wurde die Aufgabe »Qualitätsmanagement« geringer gewertet. Von elf Aufgaben neun richtig für die Klientel zu bewerten, zeugt von einem guten Einschätzungsvermögen der Fachberatung.

Auch was die Passung der eigenen Bedeutungszuschreibung der Aufgaben von Fachberatung und der Aufgabenumsetzung betrifft, zeigt sich eine hohe Übereinstimmung. Das heißt, Fachberatung gestaltet ihre Arbeit entsprechend ihrer Bedeutungszuschreibung. Zur Veranschaulichung dient die folgende Tabelle mit allen wesentlichen Daten:

Aufgabe	Bedeutung für Fachberatung (Ranking)	Aufgabenum-setzung der Fachberatung (Ranking)	Bedeutung für die Praxis (Ranking)	Umsetzungs-einschätzung durch die Praxis (Ranking)
Beratung Leitung	(1)	(1)	(1)	(1)
Planung von Fort- und Weiterbildung	(2)	(6)	(7)	(3)
Konzeptentwicklung	(3)	(4)	(4)	(9)
Beratung Team	(4)	(2)	(2)	(5)
Transfer Wissenschaft/ Bildungspolitik	(5)	(9)	(6)	(6)
Einzelfallberatung	(6)	(3)	(3)	(7)
Vernetzung	(7)	(7)	(9)	(4)
Qualitätsmanagement	(8)	(8)	(5)	(2)
Fachaufsicht	(9)	(10)	(10)	(10)
Dienstaufsicht	(10)	(11)	(11)	(11)
Beratung des Trägers	F[12]	(5)	(8)	(8)

Die Aufgaben »Planung/Organisation von Fort- und Weiterbildung« und »Transfer Wissenschaft/Bildungspolitik« haben für die Fachberatung eine relativ hohe Bedeutung, liegen aber in der Umsetzung auf den hinteren Plätzen. Bei der Aufgabe »Planung Fort- und Weiterbildung« entspricht die Umsetzung durch die Fachberatung fast genau (eine Platzierung Unterschied) der Bedeutungszuschreibung durch die Praxis, was wieder für die gute Bedarfsdeckung der Fachberatung spricht. Bei der Aufgabe »Transfer Wissenschaft/Bildungspolitik« zeigt sich allerdings, dass Fachberatung im Vergleich zu anderen Aufgaben wenig Zeit dafür

---

12 Hier wurde die Antwortmöglichkeit »Beratung des Trägers« leider nicht zur Auswahl gestellt; somit sind Unterschiede von einer Platzierung zu vernachlässigen.

investiert. Diese Aufgabe ist sowohl für die Fachberatung als auch für die Praxis von relativ hoher Bedeutung (Fachberatung: Platz 5; Praxis: Platz 6). Hier könnte somit die Ausführung bzw. die Zeitinvestition in diese Aufgabe überdacht werden.

Die Bedeutung der Aufgaben »Unterstützung Konzeptentwicklung« und »Einzelfallberatung« ist für die Praxis (Platz 4 & Platz 3) relativ hoch. Fachberatung gibt mit Platz 4 und Platz 3 ebenfalls an, in diese Aufgaben viel Zeit zu investieren. Allerdings nimmt die Praxis diese Umsetzung nicht so wahr, denn bei der Umsetzungseinschätzung liegen diese Aufgaben nur auf Platz 9 und Platz 7. Hier wäre Klärungsbedarf, wie diese unterschiedliche Wahrnehmung entsteht und wie diese Diskrepanz reduziert werden kann.

Zusammenfassend lässt sich feststellen, dass folgende Aufgaben von Fachberatung eine hohe Bedeutung haben und entsprechend viel Zeit im Arbeitsalltag einnehmen:

• Beratung von Leitung
• Beratung des Teams
• Einzelfallbesprechung
• Unterstützung Konzeptentwicklung

Im Vergleich zu anderen Studien zeigt sich, dass Fachberatung in Niedersachsen mehr Zeit in Einzelfallberatung investiert oder investieren kann (vgl. Grenner & Gralla-Hoffman 2010). Weniger Zeit hat die Fachberatung in Niedersachsen im Vergleich zu den anderen Studien für Planung/Organisation Fort- und Weiterbildung, Vernetzung und Qualitätsmanagement (vgl. Leygraf 2013). Bei den Aufgaben Planung/Organisation Fort- und Weiterbildung und Vernetzung könnte ein Grund dafür sein, dass ihre Klientel diesen Aufgaben eine nicht so hohe Bedeutung zuschreibt und die Fachberatung bemüht ist, bedarfsorientiert zu arbeiten. Interessant ist jedoch, dass die Umsetzung dieser Aufgaben von der Praxis als hoch bewertet wurde. Bei der Aufgabe Qualitätsmanagement gibt die Praxis eine mittlere Bedeutung an. Während die Praxis den Zeiteinsatz für diese Aufgabe als relativ hoch bewertet, gibt die Fachberatung selbst an, eher weniger Zeit dafür zu haben bzw. zu investieren. Bei dieser hier nicht zu erklärenden Diskrepanz würden sich vertiefenden Forschungen anbieten.

Kontakt zwischen Fachberatung und Praxis

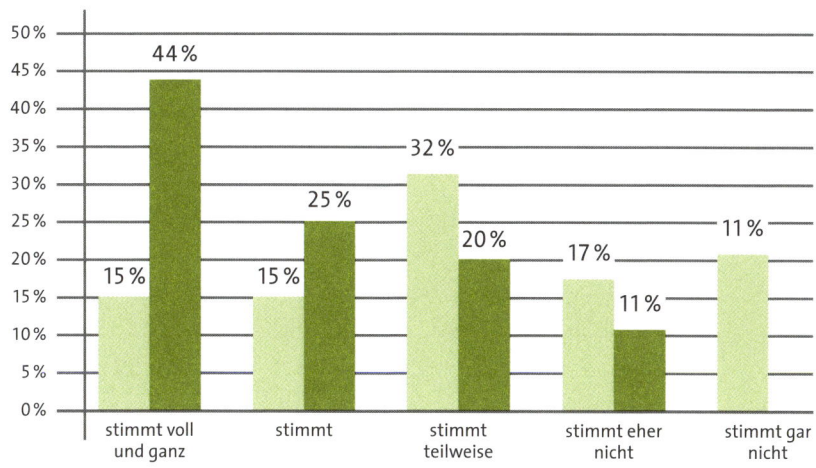

Praxis: Ich wünsche mir mehr persönlichen/direkten Kontakt
zur Fachberatung n = 62

Fachberatung: Ich wünsche mir mehr persönlichen/direkten Kontakt
zur Einrichtung n = 62

Was den Wunsch nach mehr persönlichem/direktem Kontakt zur Fachberatung angeht, zeigen die kumulierten Prozente (70%), dass die Praxis Angaben zwischen »stimmt teilweise« und »stimmt gar nicht« gemacht hat. Auch der Mittelwert von 3,16 (Skala 1–5) lässt erkennen, dass die Praxis sich nicht zwangsläufig mehr persönlichen Kontakt wünscht. Hier wäre zu klären, woran das liegt. Es kann natürlich sein, dass die Praxis mit dem Kontakt zur Fachberatung zufrieden ist. Andere Interpretationen wären, dass die Praxis einen gesteigerten Kontakt scheut, weil sie dadurch Mehrarbeit befürchtet oder zu wenige Informationen über das Angebot von Fachberatung hat und somit den Nutzen für ihre Arbeit nicht einschätzen kann. Die Gründe für den geringen Kontaktwunsch lassen sich mittels der aktuellen Erhebung jedoch nicht ermitteln. Danach müsste noch einmal konkret geforscht werden.

Anders sieht dieser Wunsch bei den FachberaterInnen aus. Hier liegen fast 70 Prozent der kumulierten Werte zwischen den Antworten »stimmt voll und ganz« und »stimmt«. Der Mittelwert von 1,98 (Skala 1–5) zeigt deutlich, dass sich die Fachberatung in Niedersachsen mehr persönlichen Kontakt zur Praxis wünscht. Hier kann interpretiert werden, dass es wohl berufsbedingt erwartet wird, sich als Fachberatung mehr Kontakt zu wünschen. Schließlich ist das die Grundlage ihres Berufes – die Beratung der Praxis und somit der Kontakt zu ihr.

Interessant sind auch die Ergebnisse zur Einschätzung des tatsächlichen Kontakts. Hier zeigt sich eine stark gegenläufige Einschätzung:

Kontakt zu einer Einrichtung (im Schnitt)

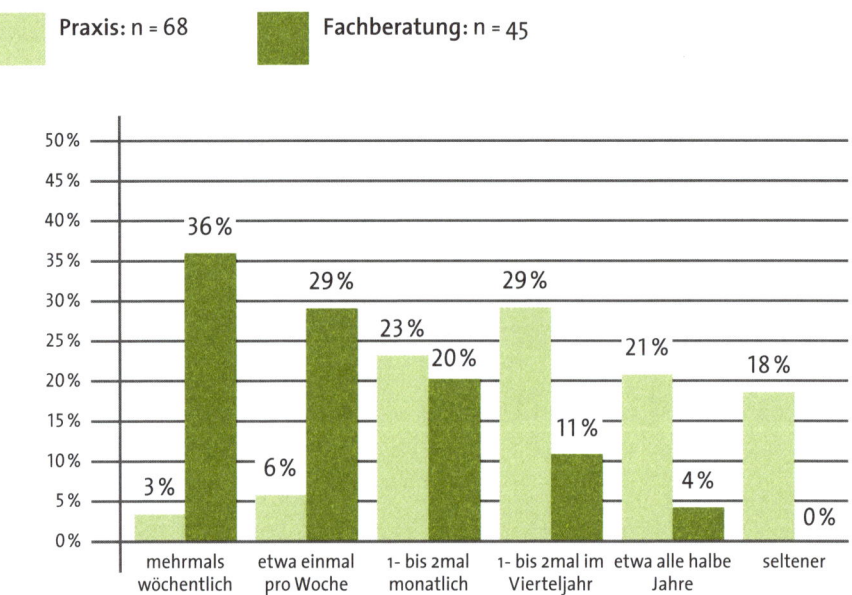

Fachberatung gibt mit einem kumulierten Prozentsatz von 65 Prozent an, im Schnitt zwischen »mehrmals wöchentlich« und »etwa einmal pro Woche« Kontakt zur Praxis zu haben. Die Praxis gibt mit 73 der kumulierten Prozente an, im Schnitt zwischen »ein- bis zweimal monatlich« und »etwa alle halbe Jahre« Kontakt zur Fachberatung zu haben. An dieser Stelle fällt auf, dass die Praxis relativ wenig Kontakt zur Fachberatung wahrnimmt, sich jedoch auch nicht wesentlich mehr Kontakt wünscht. Hier zeigt sich erneut, wie notwendig und wichtig es wäre, nach den Gründen dafür zu forschen.

Die Fachberatung gibt bei der aktuellen Erhebung dagegen an, relativ häufig Kontakt zur Praxis zu haben, aber sich trotzdem noch mehr zu wünschen – dagegen spricht häufig die (zu) hohe Anzahl der zu beratenden Kitas. Die Deutung der gegenläufigen Einschätzung von Fachberatung und Praxis fällt an dieser Stelle schwer – möglicherweise besteht ein unterschiedliches Kontaktverständnis. So macht es einen wesentlichen Unterschied, ob schon ein kurzes Telefonat/

Gespräch als Kontakt definiert wird oder erst ein intensives Beratungsgespräch. Diese Vermutung müsste ebenfalls durch nähere Forschung überprüft werden.

In der aktuellen Fachliteratur ist immer wieder die Qualifizierung von Fachberatung ein Thema. Es wird fortlaufend diskutiert, ob es eine geregelte Zugangsvoraussetzung für Fachberatung geben sollte.

Ausbildungs-/Qualifikationswunsch Fachberatung

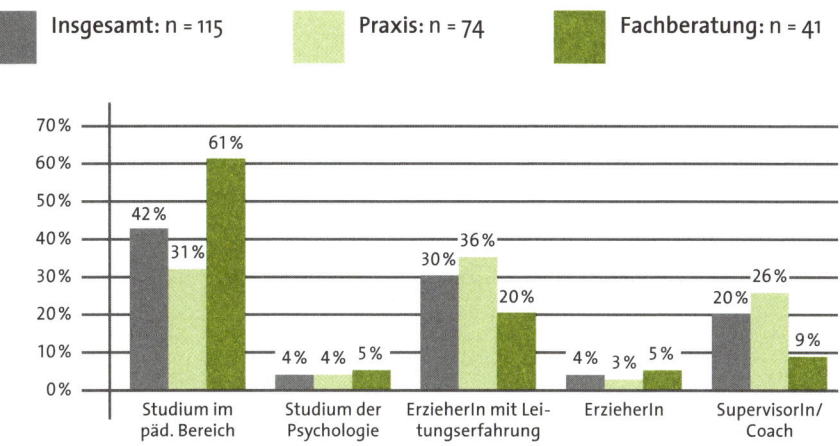

Die Ergebnisse der aktuellen Erhebung zeigen, dass sich die Mehrheit der Befragten aus Niedersachsen (42%) für ein Studium im pädagogischen Bereich als Zugangsvoraussetzung ausspricht. Diese Angabe könnte ein Indiz für die hohen Anforderungen an Fachberatung sein. AkademikerInnen wird häufig ein umfangreiches Fachwissen und die Kompetenz des selbstständigen Arbeitens zugeschrieben. Andererseits wird AkademikerInnen oftmals fehlende Praxiserfahrung nachgesagt. Letztendlich lässt sich die Begründung für diese Abstimmung nicht mit den vorliegenden Ergebnissen klären. 30 Prozent der Befragten stimmten für die ErzieherInnenausbildung, gekoppelt mit Leitungserfahrung, als Voraussetzung. Dies könnte ein Hinweis darauf sein, wie bedeutend praktische Erfahrungen in der Kindertagesbetreuung für Fachberatung sind. Diese Zugangsvoraussetzung würde sicherstellen, dass die Fachberatung in dem zu beratenden Feld bereits selbst gearbeitet hat und somit vielfältige Kenntnisse und Kompetenzen für diesen Bereich mitbringt. Auf der anderen Seite könnte argumentiert werden, dass ihr durch die Nähe zum beratenden Klientel die professionelle Distanz fehlt und sie wichtige Kompetenzen, wie zum Beispiel Beratungsmethoden oder wissenschaftliche Aneignungstechniken, nicht erlernt hat.

Fazit und Ausblick

Die Beschäftigung mit dem Thema Fachberatung zeigt schnell, wie heterogen dieses Berufsfeld ist. Fachberatung steht stark unter dem Einfluss von sich stetig wandelnden, gesellschaftlichen/politischen Bedingungen. Die Arbeit von Fachberatung umfasst alle Bereiche, die in der Kindertagesbetreuung implementiert sind. Daraus resultiert ein umfangreiches Kompetenzprofil, das FachberaterInnen benötigen, um personen- und fachbezogen beraten zu können.

In der zugrundeliegenden Erhebung ging es um das Aufgabenverständnis von Fachberatung und um die Erwartungen der Praxis. Die **Beratung von Leitung** hat die höchste Bedeutung bei den Aufgaben von Fachberatung und ist sowohl der Fachberatung als auch der Praxis am wichtigsten. Insgesamt hat die Auswertung ergeben, dass **für die Praxis personenbezogene Beratung** (Beratung von Leitung, Beratung des Teams, Einzelfallbesprechung) am bedeutsamsten für ihre Arbeit ist. **Fachberatung** gibt zudem eine hohe Bedeutung der **Bereiche der beruflichen Qualifizierung und Profilierung** (Fort- und Weiterbildung, Konzeptentwicklung) an. Zusammenfassend zeigen Fachberatung und Praxis aber ein **ähnliches Aufgabenverständnis von Fachberatung.**

Die Umgangsweisen mit der Praxis werden positiv bewertet, und auch in ihrer Aufgabenumsetzung wird Fachberatung den Erwartungen aus der Praxis gerecht. Dies entspricht auch ihrem eigenen Aufgabenverständnis, denn Fachberatung gestaltet ihre Arbeit entsprechend ihrer Bedeutungszuschreibung.

An dieser Stelle wäre es interessant, die Wirksamkeit der Aufgabenerfüllung von Fachberatung zu erheben, denn dazu gibt die vorliegende Studie keinerlei Aufschluss. Das Ergebnis wäre relevant, um die Effekte von Fachberatung für die Qualität in der Kindertagesbetreuung herauszustellen.

So eine Untersuchung könnte auch Aufschluss über die gezeigte Diskrepanz des Kontaktwunsches und der Kontakthäufigkeit zwischen Fachberatung und Praxis geben. Auffällig war, dass die Praxis wenig Kontakt zur Fachberatung angibt, sich aber auch nicht wesentlich mehr Kontakt wünscht. Die Gründe dafür sind auf der Basis der vorliegenden Daten vorerst ungeklärt. Die Fachliteratur und durchgeführte Erhebungen zeigen jedoch, dass die Bekanntheit von Fachberatung und ihrer Leistungen oft gering ist (vgl. Hense 2010). Hier empfiehlt es sich, dass Fachberatung mehr Öffentlichkeitsarbeit für ihre Tätigkeit macht. Das Angebot von Fachberatung sollte definiert und in einem Konzept bzw. einer Konzeption festgehalten werden.

An dieser Stelle wird eine weitere Problematik im Berufsfeld Fachberatung sichtbar. Der Arbeitsauftrag ist zwar in der Kinder- und Jugendhilfe verankert, aber eben nur der Arbeitsauftrag. Für die Arbeit wäre unterstützend, wenn Fachberatung deutlicher in der Kinder- und Jugendhilfe ausformuliert wäre und als gesetzliche Pflichtaufgabe verankert wird. Das würde voraussetzen, dass ein konkretes Aufgabenprofil erstellt, Vorgaben zur Ausbildung bzw. zur Qualifizierung gesetzt und die finanzielle Absicherung geklärt werden. Dies sind immer wieder Problemlagen, die die Arbeit von Fachberatungen erschweren. Sinnvoll wäre es auch, die Anzahl der Einrichtungen, für die eine Fachberatung zuständig ist, zu begrenzen, denn das würde die Wahrscheinlichkeit einer Steigerung der Beratungsqualität erhöhen. Ebenso könnte diese gesetzliche Verankerung dazu beitragen, das heterogene Bild von Fachberatung zu vereinheitlichen, um so zu einem flächendeckenden Angebot zu kommen, das nach spezifischen Qualitätsstandards arbeitet. Diese »Standardisierung« von Fachberatung ist im aktuellen Fachdiskurs sehr umstritten. Darum ist es umso erforderlicher, die Vor- und Nachteile genauer zu erforschen. Nur so kann es gelingen, bedeutende Strukturen zu erhalten bzw. zu schaffen und zu ermitteln, was die Qualität in der Kindertagesbetreuung wirklich steigert.

Schlussendlich erscheint es, unter Anbetracht der sich wandelnden Anforderungen an die Kindertagesbetreuung, zwingend erforderlich, dass es für das pädagogische Personal eine Instanz gibt, die als MittlerIn zwischen Praxis, Politik und Wissenschaft zum Wohl des Kindes fungiert. Dazu sollte ein bereits bestehendes und bewährtes System weiterentwickelt und profiliert werden: die Fachberatung.

Literatur

Grenner, K. & Gralla-Hoffmann, K. (2010): Wirksamkeit der Fachberatung im Freistaat Sachsen. In: M. Hense (Hrsg.): Fachberatung für Kindertageseinrichtungen – Erfolgschancen erhöhen. Göttingen: Vandenhoek & Ruprecht, 66, S. 76–78.

Hense, M. (2010): Zur Wirksamkeit der Fachberatung – eine empirische Studie. In: M. Hense (Hrsg.): Fachberatung für Kindertageseinrichtungen – Erfolgschancen erhöhen. Göttingen: Vandenhoek & Ruprecht, S. 33.

Leygraf, J. (2013): Fachberatung in Deutschland. Eine bundesweite Befragung von Fachberaterinnen und Fachberatern für Kindertageseinrichtungen: Zehn Fragen – Zehn Antworten. München: DJI.

May, M.; Remsperger, R. & Weidmann, S. (2015): Habitus und Professionalisierung von Fachberatung in Kindertageseinrichtungen. In: A. König, H.-R. Leu & S. Viernickel (Hrsg.): Forschungsperspektiven auf Professionalisierung in der Frühpädagogik. Empirische Befunde der AWiFF-Förderlinie. Weinheim, Basel: Beltz Juventa, S. 244–245.

»Ich fühle mich oft alleine gelassen«
Eine Gruppendiskussion mit Kita-Leitungen

Karsten Herrmann | Maria Korte

Die Erwartungen an Kitas und ihr pädagogisches Personal sind in den letzten Jahren rasant gestiegen – von der Eingewöhnung und Bildungsbegleitung der Jüngsten über die alltagsintegrierte Sprachförderung und MINT-Bildung bis hin zur Zusammenarbeit mit Eltern oder die sozialräumliche Vernetzung reicht das Spektrum. Hinzu kommen aktuelle gesellschaftliche Herausforderungen wie die Familien mit Fluchterfahrungen oder das Projekt der Inklusion.

Bei der entsprechenden Qualitätsentwicklung soll die Fachberatung der aktuellen wissenschaftlichen Diskussion zufolge eine Schlüsselrolle einnehmen. Doch wie stellt sich für Kita-Leitungen die aktuelle Unterstützung durch Fachberatung konkret dar und was sind ihre Erwartungen an diese?

In Ergänzung zu der wissenschaftlichen Erhebung von Hilka Neunaber (siehe S. 124ff.) diskutierten wir diese Fragen gemeinsam mit vier Kita-Leitungen in unterschiedlicher Trägerschaft. In ihren Schilderungen spiegelt sich einerseits eine große Heterogenität und teilweise auch Intransparenz der aktuellen Fachberatungs-Situation wider, andererseits aber herrscht große Einigkeit darüber, was eine ideale Fachberatung ausmachen sollte. Im Gegensatz zu den Ergebnissen von Hilka Neunaber wünschen sich drei von vier der LeiterInnen auch deutlich mehr Kontakt und Unterstützung durch die Fachberatung.

»Gemeinsam die Qualitätsentwicklung vorantreiben«

»Klare Strukturen, ein klares Profil und eine insgesamt gute Unterstützung« konstatiert Beate Berger von der katholischen Kita Heilig Kreuz für ihre Einrichtung. Für die vom Caritasverband organisierte Fachberatung gebe es feste Sprechzeiten und Vertretungsregeln, regelmäßige Leitungskonferenzen sowie einen Katalog mit den konkreten Dienstleistungen und Angeboten. Grundlage der pädagogischen Arbeit und Qualitätsentwicklung sei dabei das »QM-Bistumsrahmenhandbuch für katholische Tageseinrichtungen für Kinder« vom Bistum und Caritasverband Osnabrück.

»Die Fachberatung kommt mit Themen, die gerade anstehen, direkt auf uns zu – manchmal, um uns zu unterstützen, manchmal aber auch um zu erfahren, wie wir mit aktuellen Herausforderungen wie jetzt den Kindern mit Fluchterfahrung umgehen und welche Erfahrungen und Konzepte wir da haben. Wir treten an die Fachberatung sowohl in inhaltlichen Fragen als auch bei Teamkonflikten heran«, berichtet Beate Berger weiter. Manchmal sei der Kontakt sehr häufig, manchmal gebe es aber auch wochenlang keinen Kontakt. Grundsätzlich bekäme sie von der Fachberatung aber die Unterstützung, die sie brauche. Die Unterstützung durch die Caritas-Fachberatung, die keine Dienst- oder Fachaufsicht innehat, sieht die Leiterin dabei sowohl als punktuell und auf aktuelle Probleme bezogen als auch als prozessorientiert an, sodass »wir gemeinsam mit der Fachberatung unsere Qualitätsentwicklung vorantreiben«.

»Heute gibt es für uns eine mühsame Holschuld«

Ganz anders stellt sich die Situation für Anne Grosenick von der evangelischen Kita St. Michaelis dar. Ihre zum Familienzentrum erweiterte Kita wird von der Gemeinde getragen, die keine trägereigene Fachberatung vorhält. Als noch von der Gemeinde getragene »Solitäreinrichtung« hat die Kita derzeit auch keinen Anspruch auf die Fachberatung des evangelischen Kirchenkreises. Nur die Landeskirche bietet ihr zu verschiedenen Themenschwerpunkten eine telefonische Unterstützung an.

»Für uns hat sich die Situation in den letzten Jahren deutlich verschlechtert«, beklagt Anne Grosenick den aktuellen Stand. So hätte es früher einen engen Kontakt und eine enge Begleitung durch Fachberatung gegeben, und »Fachberatung hat uns gebracht, was neu und was wichtig war. Heute gibt es für uns eine mühsame Holschuld.« Teilweise wird die Leiterin in ihrer Arbeit von der städtischen Fachberatung unterstützt, die für die freien Träger in der Kommune auch viermal im Jahr ein LeiterInnen-Treffen anbietet. Das empfindet Anne Grosenick angesichts der »galoppierenden Entwicklung« als zu wenig: »Wir haben einen Anteil von 80 Prozent an Kindern mit Migrationshintergrund, haben uns in den letzten Jahren zum Familienzentrum weiterentwickelt und neue Krippengruppen eingerichtet und hätten uns dafür schon eine stärkere Unterstützung und Begleitung durch Fachberatung gewünscht.« Zusätzliche Unterstützung bekommen sie derzeit aber über die Fachberatung des Bundesprojektes »Sprach-Kitas«.

»Learning by burning«

Auf eine zunehmende Intransparenz in der Fachberatungs-Struktur weist Markus Weckermann von der Kita Altes Wasserwerk hin und konstatiert zugleich: »Man muss sich alles selbst holen.« Träger der Kita ist die Heilpädagogische Hilfe

Kindheit & Jugend gGmbH, die keine trägereigene Fachberatung zur Verfügung stellt, bei der es aber eine mit Fach- und Dienstaufsicht ausgestattete Ansprechpartnerin unter anderem auch für das Qualitätsmanagement gibt. Eine Konferenzstruktur, in der organisatorische und inhaltlich-fachliche Themen behandelt werden, ist verbindlich verabredet. Dort werden auch Grundlagen der pädagogischen Arbeit und der Qualitätsentwicklung erarbeitet sowie zum Beispiel Fortbildungen und Qualifizierungen für die pädagogischen Fachkräfte organisiert. Ein entsprechendes Qualitätsmanagement begleitet und sichert die Umsetzung.

Auch Markus Weckermanns Kita ist am Bundesprogramm »Sprach-Kitas« beteiligt und wird entsprechend von einer Sprach-Fachberatung begleitet. Da die Kita aber seit vielen Jahren die alltagsintegrierte Sprachförderung weiterentwickelt und auch schon in einem entsprechenden *nifbe*-Projekt mitwirkte, beschreibt er den Mehrwert dieser Unterstützung als »bisher noch eher begrenzt«.

Die kommunale Fachberatung mit ihren begrenzten Ressourcen und die städtische Fachberaterin für Integration, die gleichzeitig auch Aufgaben für den Caritas-Verband übernehmen, stehen zusätzlich für die Kita zur Verfügung. Doch die jeweiligen Aufgabenbereiche »sind kaum beschrieben und damit unklar. Es gibt diverse und regelmäßige trägerübergreifende fachliche Arbeitskreise, an denen jeweils ein bis zwei Teammitglieder teilnehmen.«

Und so heißt es für Markus Weckermann an vielen Stellen »learning by burning«. Daher setzt er eher darauf, sich bei Bedarf externe Dienstleistungen zu sichern, so zum Beispiel Weiterbildungen für inhaltliche Fragen oder Supervision für die Teamentwicklung bzw. bei Teamkonflikten. Eine unabhängige regelmäßige Fachberatung zur Begleitung des Teams empfindet er aber als »wünschenswert«.

»Vielleicht muss ich auch mehr einfordern«

»Oft alleine gelassen« fühlt sich auch Sabine Ellermann von der Kita Marianne Schlief, die von einem Verein getragen wird. Auch für sie ist die städtische Fachberatung mit zuständig, »aber hier gibt es keinen regelmäßigen Kontakt, und ich stehe immer in der Holschuld.« Einzige Konstante sind die viermal jährlich stattfindenden LeiterInnen-Treffen der freien Träger. Wirklich gut unterstützt fühlte sich Sabine Ellermann nur zu Beginn ihrer Leitungszeit, als sie gemeinsam mit der städtischen Fachberatung und dem Team den Wechsel »fast wie in einer Supervision« konstruktiv bearbeiten konnte. »Vielleicht muss ich auch mehr auf mich aufmerksam machen und mehr einfordern«, schildert die Leiterin ihre aktuelle Zwickmühle und macht eine Situation deutlich, in der es für sie zumindest gefühlt keine verlässlichen Strukturen und Ansprüche für und an die Fachberatung gibt.

Der Wunsch nach »Struktur, Klarheit und Verbindlichkeit«

In den Schilderungen der Kita-Leitungen wird deutlich, dass nur die vom Caritas-Verband getragene Kita Heilig Kreuz mit ihrer Leiterin Beate Berger eine ausreichende Unterstützung durch die Fachberatung erfährt. Für die Kitas Marianne Schlief, St. Michaelis und Altes Wasserwerk, die jeweils von freien Trägern getragen werden, die keine eigene Fachberatung zur Verfügung stellen, ist die Situation unbefriedigend und von einer gewissen Intransparenz geprägt. Dies wird auch noch verschärft durch Parallelstrukturen der Fachberatung wie die der Sprach-Kitas oder auch durch (kommunale) Inklusions-BeraterInnen bzw. Koordinator-Innen. Grundsätzlich sehen diese Kitas sich in einer »Holschuld« und müssen aktiv die Unterstützung der Fachberatung einfordern. In alternativer Strategie setzen sie daher auch verstärkt auf externe Dienstleistungen wie Weiterbildungen, Supervision oder Prozessbegleitung.

Von einer idealen Fachberatung wünschen sich alle vier Kita-Leitungen eine konstante Begleitung und Unterstützung bei der Qualitätsentwicklung sowie ein antizipierendes Eingehen auf aktuelle gesellschaftliche Entwicklungen und bildungspolitische Herausforderungen. In diesem Sinne soll Fachberatung also nicht (nur) als Feuerwehr tätig werden, die erst kommt, wenn es schon brennt. Wichtig sind den Leitungen auch fachliche Impulse von FachberaterInnen und ihr kritischer Blick von außen auf Probleme oder Lernpunkte in der Kita. Nach außen in Richtung Träger und Politik wünschen sich die Kita-LeiterInnen die Fachberatung als Lobby für die Kita und die Arbeit der pädagogischen Fachkräfte sowie übergreifend als Lobby für eine qualitativ hochwertige frühkindliche Bildung. Als entscheidende Kompetenz sehen sie die kommunikative Fähigkeit der Fachberaterin an, ihre Fähigkeit, Gruppen und Prozesse zielgerichtet zu begleiten. Letztlich komme es auf »Struktur, Klarheit und Verbindlichkeit« an.

Was macht Fachberatung im Kern aus?
Fachberatung in Niedersachsen auf dem Weg zu einem gemeinsamen Professionsverständnis

Mirela Schmidt | Jörg Hartwig

Der folgende Beitrag zeichnet den Prozess der letzten Jahre nach, in dem sich die niedersächsischen FachberaterInnen auf den Weg zu einem gemeinsamen Verständnis ihrer beruflichen Aufgaben und Rolle gemacht haben. Anschließend wird das bisherige schriftlich ausformulierte Ergebnis dieses Prozesses (»Positionspapier zum beruflichen Selbstverständnis«) präsentiert und ein Ausblick auf die geplanten weiteren Schritte gegeben.

Vorläufer des Prozesses

Als Vorläufer dieses Prozesses sind als erstes die seit Jahren andauernden fachlichen Diskussionen von vielen FachberaterInnen im Rahmen eher informeller Settings und Netzwerkstrukturen zu nennen. Die FachberaterInnen in Niedersachsen diskutieren seit Langem miteinander über ihr berufliches Selbstverständnis und die Notwendigkeit der Verbesserung von Rahmenbedingungen zur weiteren Professionalisierung. Auf kommunaler und auch regionaler Ebene gibt es ebenfalls seit Jahren Vernetzungsstrukturen unter den FachberaterInnen – was lange Zeit fehlte, war ein landesweites, übergreifendes Setting, innerhalb dessen diese Diskussionen gebündelt und systematisch und zielgerichtet weiterentwickelt werden konnten.

Zweitens arbeitet das *nifbe* seit 2008/2009 insbesondere auf regionaler und kommunaler Ebene intensiv und systematisch mit den FachberaterInnen zusammen – sei es bei der Planung von Fachveranstaltungen, im Rahmen von Arbeitskreisen und Netzwerken oder der Umsetzung von landesweiten Qualifizierungsinitiativen vor Ort. Diese Zusammenarbeit hat wechselseitiges Vertrauen hervorgerufen und gestärkt. Gleichzeitig ist innerhalb des *nifbe* das Bewusstsein für die zentrale Stellung von Fachberatung im Feld der frühkindlichen Bildung gewachsen, insbesondere im Hinblick auf den Transfer als zentrale Aufgabe. Nach und nach hat das *nifbe* regional übergreifende, landesweite Formate zur Unterstützung von Fachberatung eingeführt – speziell auf die Fachberatung zugeschnittene Publikationen und Workshop-Reihen, eine Online-Wissenslandkarte, Bestandsaufahmen zu Strukturen von Fachberatung in den Gebietskörperschaften etc.

Der Prozess: Vorbereitungsgruppe und landesweite Fachtage

Der ausgebuchte Fachtag auf der didacta 2015 bot den TeilnehmerInnen[13] die Möglichkeit, sich über die neuesten wissenschaftlichen Untersuchungen zu Aufgaben und Struktur der Fachberatung zu informieren sowie sich mit anderen FachberaterInnen auszutauschen. In einer vom *nifbe* organisierten und moderierten Podiumsdiskussion, an der sich FachberaterInnen verschiedener Träger aus Niedersachsen beteiligten, wurde gefragt, was die Fachberatung braucht und, darauf bezogen, inwieweit eine Unterstützung durch das *nifbe* sinnvoll und leistbar ist. Sowohl in den Vorträgen als auch in den Diskussionen danach, ob auf dem Podium oder im Plenum, konnte die Notwendigkeit einer gemeinsamen Definition des Professionsverständnisses identifiziert werden. Ein gemeinsames Verständnis von Rolle und Aufgaben der Fachberatung sollte die Grundlage für weitere Schritte auf dem Weg zur Professionalisierung der Fachberatung in Niedersachsen schaffen.

Die an der Podiumsdiskussion beteiligten FachberaterInnen und das *nifbe* waren sich im Anschluss an den Fachtag darüber einig, dass der hier begonnene, übergreifende Diskurs fortgeführt werden sollte, und bildeten gemeinsam eine sogenannte »Vorbereitungsgruppe«, die weitere Schritte planen und insbesondere einen oder auch mehrere weitere landesweite Fachtage konzipieren wollte. Den beteiligten FachberaterInnen kam dabei die inhaltliche Rolle zu; das *nifbe* war (und ist) beratend tätig und stellt den organisatorischen Rahmen zur Verfügung. Die Vorbereitungsgruppe entschied, dass ein nächster landesweiter Fachtag möglichst bald durchgeführt werden sollte, um die Aufbruchstimmung unter den FachberaterInnen aufrechtzuerhalten und inhaltlich an die Diskussionen auf der didacta anknüpfen zu können.

Der Fachtag fand Anfang Juli 2015 unter Teilnahme von gut 80 FachberaterInnen statt.[14] Anstelle eines externen, wissenschaftlichen Inputs führten die an der Vorbereitung beteiligten FachberaterInnen in den Tag ein und knüpften an Fragestellungen und Diskussion des didacta-Fachtags an. In anschließenden mehrstündigen Arbeitsgruppen wurde zu spezifischen Themen (Steuerung vs. Beratung, Qualitätsmanagement als Aufgabe von Fachberatung, Beratungsverständnis und Beratungssettings etc.) diskutiert. Die Vorbereitungsgruppe hatte die Auffas-

---

[13] Zwar waren auch FachberaterInnen aus anderen Bundesländern anwesend, die Mehrzahl der TeilnehmerInnen bestand jedoch aufgrund des Veranstaltungsortes aus in Niedersachsen tätigen FachberaterInnen.

[14] Nach jüngsten Bestandsaufnahmen durch das *nifbe* arbeiten in Niedersachsen derzeit insgesamt zwischen 250 und 300 FachberaterInnen.

sung vertreten, dass auf diesem Fachtag noch einmal die Unterschiede in den Arbeitsbedingungen und Selbstverständnissen thematisiert und für alle sichtbar gemacht werden sollten. Auf der Grundlage des Wissens um diese Unterschiede und der Akzeptanz unterschiedlicher Sichtweisen sollten dann in einem weiteren Schritt (einem weiteren Fachtag) mögliche gemeinsame Positionen erarbeitet werden. Die Ergebnisse der Arbeitsgruppen wurden von **nifbe** protokolliert und allen teilnehmenden FachberaterInnen zugänglich gemacht.

In der »Vorbereitungsgruppe« wurden diese Ergebnisse im Herbst und Winter 2015/2016 reflektiert und darauf basierend der dritte Fachtag vorbereitet. Dieser fand im August 2016 unter Teilnahme von rund 90 FachberaterInnen statt. Nach der Sichtung, Diskussion und Akzeptanz der vielfältigen Unterschiede zwischen den Aufgaben verschiedener FachberaterInnen sollte die Arbeit jetzt auf die Diskussion und Formulierung von Gemeinsamkeiten im professionellen Grundverständnis abzielen. Dazu wurde in Arbeitsgruppen zu folgenden Fragestellungen gearbeitet:

- Welches Verständnis von Fachberatung soll zugrunde gelegt werden und welche Haltung ist damit verbunden (z.B. Vorgabe, Steuerung, Moderation)?
- Wer sollen die AdressatInnen der Beratung sein (z.B. Kita-Leitungen, das Team insgesamt, die einzelnen Fachkräfte, die Eltern, die Träger, die Politik)?
- Auf welche Inhalte soll sich die Beratung erstrecken (z.B. auf Qualitätssicherung und -entwicklung, Qualitätsmodelle und -management, Teamentwicklung, Konfliktmanagement)?
- Wie soll Beratung organisiert werden (Inwieweit soll die Fachberatung die Beratung lediglich organisieren oder selbst durchführen? Wie soll der Kontakt zu den Einrichtungen organisiert sein? etc.)?

Das wichtigste Ergebnis des Fachtags war die Vereinbarung, die in den Arbeitsgruppen deutlich werdenden Gemeinsamkeiten zusammenzufassen. Ein dementsprechend formuliertes Positionspapier wurde in den Monaten danach zunächst an die Teilnehmenden des Fachtags versandt und anschließend allen FachberaterInnen in Niedersachsen per Mail zugänglich gemacht. Da sich nicht alle FachberaterInnen an diesem Prozess von Anfang an beteiligt hatten, wurde ein Text beigefügt, der die Entstehung des Positionspapiers beschreibt. Es wurde um Rückmeldung zum Positionspapier an das **nifbe** gebeten. Die Rückmeldungen waren positiv, es gab einige Ergänzungen, die in der Vorbereitungsgruppe diskutiert und in das Papier eingearbeitet wurden.

Zwischenergebnis: Das Positionspapier

»Zum beruflichen Selbstverständnis von Fachberatung von Kindertagesstätten«: Positionspapier als Arbeitsergebnis des landesweiten Fachtags niedersächsischer FachberaterInnen vom 31. August 2016 in Hannover

1. Die niedersächsischen FachberaterInnen* verstehen Fachberatung als notwendige, fachlich eigenständige Ebene im Feld der frühkindlichen Bildung (der Betreuung, Bildung und Erziehung von Kindern im Rahmen von Kindertageseinrichtungen).

2. FachberaterInnen sind ExpertInnen für Entwicklungen im Feld der frühkindlichen Bildung. Sie beobachten und bündeln fortlaufend sich verändernde Bedarfe bei pädagogischen Fachkräften ebenso wie bei Eltern und Kindern. Fachberatung wird zu einem Motor der professionellen Entwicklung des gesamten Feldes und gibt fachliche Impulse an die relevanten Akteure des Feldes auf sozialräumlicher, kommunaler, regionaler und Landesebene (Träger, Jugendhilfe, Fachschulen, Erwachsenenbildung, Hochschulen, Politik etc.).

3. Fachberatung sorgt für die kontinuierliche, konkrete Weiterentwicklung der Qualität der pädagogischen Arbeit in den Kindertageseinrichtungen. Dabei berücksichtigt sie die dynamischen Wandlungsprozesse im Feld der frühkindlichen Bildung, Betreuung und Erziehung. Das professionelle Handeln von FachberaterInnen basiert auf einem fachlich fundierten Selbstverständnis und geht vom Recht aller Kinder auf eine hochwertige Bildung, Betreuung und Erziehung aus.

4. Das berufliche Handeln von Fachberatung vollzieht sich in einem Spannungsfeld von rechtlichen Vorgaben, Aufträgen und Sichtweisen der Träger, dem eigenen fachlichen Anspruch und Selbstverständnis sowie den konkreten, formulierten Bedarfen und Interessen der Einrichtungen. FachberaterInnen müssen dieses Spannungsfeld fortlaufend austarieren und die verschiedenen Perspektiven integrieren oder begründet zurückweisen.

5. Die alltägliche, begleitende und beratende Arbeit von FachberaterInnen richtet sich primär an die Einrichtungsleitungen. Die Teams, die einzelnen ErzieherInnen und die Eltern können direkte AdressatInnen der Arbeit sein; dies hängt von den Ressourcen und der organisatorischen Struktur von Fachberatung auf kommunaler Ebene resp. vom jeweiligen Träger ab.

6. Fachberatung stellt sicher, dass die Einrichtungen die Unterstützung erhalten, die sie benötigen, um ihre jeweiligen Aufgaben erfüllen zu können. Fachberatung organisiert bspw. Fortbildungsmaßnahmen, Coaching, Supervision, Fallberatungen u.ä. oder gibt den Einrichtungen Unterstützung bei der Selbstorganisation. Je nach spezifischen professionellen Kompetenzen, Ressourcen und der jeweiligen Position können FachberaterInnen solche Aufgaben auch selbst durchführen.

7. Fachberatung strukturiert die Vielfalt von formulierten Anforderungen, politischen und rechtlichen Vorgaben, neuen wissenschaftlichen Erkenntnissen, Veranstaltungs- und Qualifizierungsangeboten etc. Sie sorgt für Orientierung und Entlastung, indem sie diese Vielfalt für die Einrichtungen resp. mit den Einrichtungsleitungen sortiert, filtert und einordnet.

8. Fachberatung arbeitet vernetzt und fördert Vernetzung: FachberaterInnen gestalten die trägerinterne und trägerübergreifende Vernetzung der Einrichtungen resp. Einrichtungsleitungen. FachberaterInnen selbst sind auf kommunaler und regionaler Ebene mit anderen FachberaterInnen sowie AnsprechpartnerInnen in Hochschulen, Fachschulen, Erwachsenenbildungseinrichtungen und anderen vor Ort relevanten Akteuren vernetzt. FachberaterInnen sind auf überregionaler Landes- und Bundesebene untereinander vernetzt.

9. Fachberatung arbeitet aus einer Haltung heraus, die die selbstbewusste Professionalisierung von Einrichtungsleitungen und Fachkräften umfasst (»Empowerment«). Partizipation und Transparenz sind zwei wesentliche Merkmale der Arbeit mit den Einrichtungen.
FachberaterInnen verfügen über ein systematisch ausgebildetes fachlich-inhaltliches Wissen sowie über ein hohes Maß an Systemkompetenz und sozialer Kompetenz. Im Sinne der Selbstfürsorge sind personale Kompetenzen von hoher Bedeutung. Fachberatung reagiert flexibel und reflexiv auf unterschiedliche und wechselnde Ansprüche und Bedarfe und ist in der Lage, spezifische Beratungsanforderungen zu koordinieren, zu delegieren oder auch begründet zurückzuweisen. Die kontinuierliche Reflexion und ggf. Veränderung der eigenen Sichtweisen und Methoden ist ein integraler Bestandteil der Arbeit. Vor- und Nachbereitungszeiten, eigene Weiterbildung, Coaching oder Supervision sowie der intra- und interdisziplinäre Austausch sind ausdrückliche Anteile der Arbeitszeit (Stand: 28.10.2016).

*In diesem Text wird bewusst zwischen »Fachberatung« als Akteursebene im Feld der frühkindlichen Bildung und »FachberaterInnen« als den konkreten Personen, die entsprechende Rollen ausfüllen, unterschieden.«

Das Positionspapier der niedersächsischen FachberaterInnen ist ein wichtiger Meilenstein auf dem Weg der Professionalisierung der Fachberatung. Einen weiteren Meilenstein stellte die Gründung einer »Niedersächsischen Arbeitsgemeinschaft der Pädagogischen Fachberatungen für Qualität in Kitas« auf einem weiteren *nifbe*-Fachtag Fachberatung im August 2017 dar. Diese soll das Thema der weiteren Professionalisierung der Fachberatung insbesondere auch auf politischer Ebene und in fachpolitischen Gremien vorantreiben. Grundsätzliches Ziel ist auch, ähnlich wie bei anderen Professionen, die Schaffung einer nachhaltigen Struktur für einen systematischen, partizipativen und fokussierten Diskurs der FachberaterInnen untereinander sowie eine legitimierte Interessenvertretung nach außen. Der weitere Prozess wird auf der *nifbe*-Homepage dokumentiert.

Teil III
Aus- und Weiterbildung

Passende Angebote häufig Fehlanzeige
Zur aktuellen Situation in der Aus-, Fort- und Weiterbildung von Fachberatungen

Iris Hofmann

Durch die Verankerung der Fachberatung für Kindertagesstätten im Jahr 1990 im SGB VIII (Kinder- und Jugendhilfegesetz) als Leistung der öffentlichen Jugendhilfe wurde zugleich den Bundesländern die Verantwortung übertragen, die Fachberatung auch in die jeweiligen Ausführungsgesetze einzuarbeiten. Dies geschah allerdings unterschiedlich deutlich (vgl. hierzu auch Preissing 2015; Remsperger-Kehm & Weidmann 2016). Eine interne und unveröffentlichte Erfassung von Fachberatungsstrukturen durch MitarbeiterInnen des **nifbe** zeigte, dass es zum Beispiel in Niedersachsen nicht flächendeckend Fachberatungen für Kindertagesstätten gibt oder alternative Kooperationsmodelle mit freien Trägern oder freien FachberaterInnen existieren.

Die Historie der Kita-Fachberatung geht in Teilen der heutigen Bundesrepublik bis in die 1920er Jahre zurück. (Irskens 1992, zitiert n. Hinke-Ruhnau 2013). In der Bundesrepublik ging nach dem Zweiten Weltkrieg der Ausbau von Fachberatungssystemen unterschiedlich voran, erfuhr aber erst nach der Wiedervereinigung einen nachweislichen Aufschwung. Diller-Murschall (1997) beschreibt, dass in der DDR seit den 1970er Jahren Fachberatungen eingesetzt wurden, die im Verlauf der Jahre allerdings eine stark kontrollierende Funktion im System hatten. Daher wurde auf dem Gebiet der östlichen Bundesländer in den 1990er Jahren ein vom Bundesministerium für Familie, Frauen, Senioren und Jugend gefördertes Qualifikationsprojekt gestartet, das in der Veröffentlichung von Diller-Murschall (1997) umfassend dargestellt wird. Hier wurde demnach erst- und einmalig flächendeckend Fort- und Weiterbildung für FachberaterInnen betrieben.

In Bezug auf die berufliche Ausbildung von FachberaterInnen verweisen mehrere AutorInnen auf Irskens (1992), die von einem »unechten Anlernberuf« spricht. Es gibt keine klaren Qualifikationswege oder Prüfungen mit staatlicher

Anerkennung, die auf eine Tätigkeit als FachberaterIn vorbereiten. Dennoch ist heute ein Hochschulabschluss in einem einschlägigen Studienfach die häufigste Qualifikation. Mehr als ein Drittel aller FachberaterInnen war im Erstberuf als ErzieherIn tätig (vgl. Remsperger-Kehm & Weidmann 2016). Daneben gibt es ErzieherInnen, die ohne Studium nach langjähriger Berufs- und/oder Leitungs-erfahrung zu Fachberatungen wurden sowie QuereinsteigerInnen aus anderen (Studien-)Berufen (vgl. Herrenbrück et al. 2011). Das Bundesministerium für Familien, Senioren, Frauen und Jugend (2017) gibt in der Studie von Ramboll Management Consulting an, dass 68 Prozent der Fachberatungen über einen (Fach-)Hochschulabschluss verfügen und im Schnitt seit 15 Jahren im Feld Kindertagesbetreuung tätig sind.

Für FachberaterInnen im Bereich der Kindertagespflege kann man in der Dissertation von Schoyerer das Äquivalent finden: In seiner qualitativen Befragung war ein einschlägiges Studium nebst vorhergegangener Erfahrung im Arbeitsfeld Kindertagesstätte und/oder Erfahrungen im Arbeitsfeld Jugendamt die Regel. Lediglich eine Fachberaterin hatte ein Verwaltungsstudium absolviert und keine pädagogische Erfahrung (Schoyerer 2014).

Erwartungen von Trägern und Praxis an die FachberaterInnen – Konsequenzen für die Weiterbildung

Die Erwartungen, die die Fachkräfte und Leitungen in den Kitas vor Ort an ihre Fachberatung haben, hat unter anderem Hilka Neunaber dargestellt (siehe S. 124ff.). Die Erwartungen der Träger konnten Claudia Hruska und Katrin Lattner bei der Analyse von Stellenausschreibungen herausarbeiten (siehe S. 90ff.). So gibt es allerorts sehr unterschiedliche und zum Teil auch diffuse Erwartungen an Fachberatung. Zudem kann man sagen, dass eine Fachberatung umso weniger die an sie gestellten Erwartungen erfüllen kann, je mehr Einrichtungen sie zu betreuen hat. Darüber hinaus ist die Ausgestaltung des Arbeitsfeldes der Fachberatung bei einigen freien Trägern, zum Beispiel Kirchen, zurzeit ebenfalls im Wandel, sodass noch wenig Erfahrungen und Erkenntnisse für eine Strukturierung des Aufgabenfeldes vorliegen. Nicht alle öffentlichen und freien Träger haben ein Konzept zur Fachberatung, in dem auch die Interessen der Praxis oder die Fortbildungsinteressen der FachberaterInnen dezidiert berücksichtigt werden.

Daraus folgt: Insbesondere dort, wo es keine konzeptionellen Trägervorgaben gibt, die Arbeitsaufträge, Vorgehensweisen oder Entscheidungswege regeln, erschweren unklare Erwartungen die Arbeit und auch die gezielte Fortbildung der FachberaterInnen. Transparente Trägerkonzepte mit einem realistischen Aufgabenspektrum und eine gute Zusammenarbeit mit den Kita-Leitungen vor Ort helfen der Fachberatung, sich zum Beispiel entsprechend der Situation in den Einrichtungen selber fort- und weiterzubilden – im besten Falle durch eine mit dem Träger inhaltlich abgestimmte (interne) Fortbildung. Preissing (2015) fordert hierzu Qualitätskriterien für die Arbeit von Fachberatung sowie die Selbstevaluation.

Kompetenzprofil und Kompetenzorientierung in der Weiterbildung

Ein ausführliches Kompetenzprofil für Fachberatungen beschreibt Petra Beitzel (siehe S. 49 ff.). An dieser Stelle werden daher nur zentrale Aspekte kurz aufgegriffen: Wie in fast allen sozialen Berufen stehen vor allem die personalen und sozialen Kompetenzen stark im Fokus, die oft habituell und schwerer erlern- oder veränderbar sind. Auch ein gewisses Maß an Aktivitätskompetenz ist eher persönlichkeitsabhängig. Die kommunikativen Fähigkeiten dagegen sind häufig gut erlern- oder erweiterbar. Ein starkes Augenmerk gerade bei Fachberatungen liegt auch auf rein sachlichem Fachwissen, das es zu transferieren gilt, sowie auf der Methodenkompetenz als ErwachsenenbildnerIn.

In den letzten Jahren ist der Begriff der Kompetenzorientierung in der Weiterbildung stärker in das Blickfeld gerückt. Genauso, wie das (Klein-)Kind als bereits kompetenter Selbstlerner gesehen wird, rücken nun die Vorerfahrungen und Kompetenzen der erwachsenen Lernenden in den Vordergrund (vgl. Kovacevic & Nürnberg 2014). Die Vermittlung von reinem Wissen wie in Schule und Hochschule wird bei der Weiterbildung pädagogischer Fachkräfte als der geringere Anteil oder als nachrangig gegenüber Selbstreflexion und aktivem Tun gesehen. Die Teilnehmenden erfahren eine Wertschätzung gegenüber ihren Fähigkeiten, die es nun zu erweitern gilt. Von den WeiterbildnerInnen verlangt dies ebenso ein großes Maß an Einlassungsbereitschaft, gute Vorbereitung und methodische Kenntnisse, Flexibilität sowie Selbstreflexion. Beitzel (siehe S. 49 ff.) spricht hier von »ganzheitlicher Menschenbildung«.

Die Anbieter von speziellen Kursen für FachberaterInnen müssen damit arbeiten, dass unter Umständen junge oder neue KollegInnen, die neben einem Studium und Berufspraxis bislang keine weiteren Angebote auf dem Weiterbildungsmarkt genutzt haben oder nutzen konnten, genauso wie erfahrene, hoch qualifizierte Fachkräfte an der Weiterbildung teilnehmen. Langjährig berufserfahrene FachberaterInnen kommen oftmals mit einem großen »Schatz« an Kompetenzen in die Weiterbildung. Daher ist es eine logische Konsequenz, insbesondere die Weiterbildung mit exzellenten ReferentInnen und nicht nur mit zertifizierten Weiterbildungsanbietern sowie in Zusammenarbeit mit Hochschulen und Universitäten durchzuführen. Die ReferentInnen müssen dieselben fachlichen und methodischen Kompetenzen (Doppelqualifikation) haben, wie dies auch von den Fachberatungen gefordert wird (vgl. Deutsches Jugendinstitut 2014), und zusätzlich in der Lage sein, noch »etwas Neues« zu vermitteln. Anbieter von Weiterbildung machen nach Aussage des Deutschen Jugendinstituts (2014) nicht selten die Erfahrung, dass kompetente ReferentInnen langfristig ausgebucht sind und hier Kompromisse eingegangen werden müssen. Im Sinne eines »Train the Trainer« besteht hier somit bundesweit Qualifizierungsbedarf.

Dass die Anforderungen an Weiterbildungs-ReferentInnen mit dem einhergehenden Mangel an dafür qualifizierten Personen in der Regel zu hohen Kosten führen, oft auch für die Teilnehmenden, ist verständlich. An dieser Stelle müssten Bund, Länder und Träger ebenfalls in Kita-Qualität investieren.

Aktuelles Aus- und Weiterbildungsangebot

Bauermeister und Grieser (2011), die in ihrer Studie bundesweit 96 Fortbildungsanbieter befragt hatten, konnten zwar eine Reihe von Fortbildungen für Leitungskräfte von Kitas erheben, allerdings mit nur 0,5 Prozent ausgesprochen wenig spezielle Fortbildungen für Fachberatungen. Eine Fortbildung mit einem Zertifikat als Abschluss wurde gar nicht angeboten. Sie vermuten, dass diese Weiterbildungen nicht in den offiziellen Programmheften der Anbieter, sondern in speziellen Reihen angeboten werden, können dies aber nicht belegen (ebd.). Hinke-Ruhnau (2013) stellte ebenfalls fest, dass Qualifizierungen für Fachberatungen schwer zu finden sind. Es kann also ebenso möglich sein, dass es kaum Fortbildungen gibt, auch wenn diese Ergebnisse bereits vor einigen Jahren erhoben wurden und sich das Feld schnell wandelt. Eigene Recherchen lassen vermuten, dass die Fortbildungsangebote insbesondere bei öffentlichen Trägern bis heute rar sind.

Ambitionierte FachberaterInnen suchen sich offenbar auf dem freien Markt ein für sie passendes Angebot nach persönlichem Geschmack und finanziellen sowie zeitlichen Möglichkeiten aus. Unter anderem wegen des notwendigen hohen Anteils an Reflexion der eigenen Arbeit eignen sich Fernlerngänge oder E-Learning-Angebote kaum zur Weiterbildung. In der Regel geht es den Fachberatungen weniger um »Faktenwissen« als um Methoden und Handlungskompetenz im Alltag.

FachberaterInnen nehmen im Schnitt jährlich an bis zu drei Fortbildungen teil (vgl. Leygraf 2013), wobei die Themen Qualitätsmanagement, Coaching und Supervision sowie Beratung den Hauptanteil ausmachen. Die Fachberatungen schätzen die Fortbildungen als hilfreich für ihren Beruf ein, sind also im Großen und Ganzen zufrieden mit der Qualität des Angebots, an dem sie teilgenommen haben. Einerseits hat mehr als die Hälfte der von Leygraf befragten Personen bereits einmal eine Zusatzqualifikation erworben, die speziell auf Fachberatungen zugeschnitten war, andererseits haben aber 23 Prozent der Fachberatungen keinerlei spezielle Qualifikation für ihr Aufgabenfeld. Insgesamt wird der Mangel an Weiterbildung und passenden Themen für die berufliche Tätigkeit kritisiert. Mit rund 22 Prozent beziffert Leygraf den Personenkreis, der innerhalb eines Jahres keine Fortbildung gemacht hat. Untersuchungen über die (Zusatz-)Qualifikationen von FachberaterInnen zeigen, dass hier in der Regel ein breites Spektrum abgedeckt wird. Nicht selten finden sich unter den Fachberatungen systemische BeraterInnen, Coaches oder SupervisorInnen.

Beispiele für ein strukturiertes Angebot zur Aus- und Weiterbildung aus verschiedenen Bundesländern[15]

Schleswig-Holstein

Als Vorreiter unter den Hochschulen kann die Fachhochschule Kiel (www.fh-kiel.de) in Schleswig-Holstein auf dem Gebiet der Weiterbildung von Fachberatungen gesehen werden. Hier wird bereits seit 2013 eine Weiterbildung für neue FachberaterInnen in Kita und Tagespflege angeboten, mit dem Ziel, Qualität in die Fachberatung zu bringen. Im Jahr 2015/16 wurden dazu drei Module angeboten:

1. Fachliche Grundlagen der pädagogischen Fachberatung in Kindertageseinrichtungen und der Kindertagespflege
2. Projektmodul: Exemplarische Vertiefung einer Qualitätsdimension pädagogischer Fachberatung in Kindertageseinrichtungen oder der Kindertagespflege
3. Personal und Organisationsentwicklung

Zu jedem Modul gehören mehrere Bausteine, die drei bis vier Veranstaltungen umfassen und für die es insgesamt 15 »Credits« gibt. Unter Umständen sind diese Credits für ein späteres Studium anrechenbar.

---

15 Die folgende Darstellung erhebt keinen Anspruch auf Vollständigkeit, da die Recherchen nicht wissenschaftlich strukturiert waren. Danke an die AG Fachberatung in der BAG-BEK für ihre Hinweise.

Die Bausteine im Einzelnen waren: Diskurse der Fachberatung in Kinderta-geseinrichtungen und Kindertagespflege, Bildungs- und Erziehungstheorien, Vielfalt der Lebenswelten, Erwachsenendidaktik, Entwicklung einer individuel-len Forschungs- und Entwicklungsfrage im Feld pädagogische Fachberatung in Kindertageseinrichtungen und Kindertagespflege, Durchführung und Begleitung des Forschungs- und Entwicklungsprozesses, Auswertung und Präsentation des Forschungs- und Entwicklungsprozesses, Organisation und Recht, Personal- und Organisationsmanagement, Beratung, (Konflikt-)Beratung.

Ein verbindliches Coaching war ebenso vorgesehen. Die Durchführung der Bau-steine oblag ProfessorInnen der Hochschule Kiel sowie externen ReferentInnen. Die Zusatzqualifikation erstreckte sich über ein Jahr. Nach erfolgreicher Teil-nahme erhielten die FachberaterInnen ein Zertifikat. Das Landesministerium für Soziales, Gesundheit, Familie und Gleichstellung begleitete die Qualifikation ebenso wie je ein Vertreter der Wohlfahrtsverbände und der kommunalen Träger. Das Landesministerium trug einen Großteil der Kosten. Im Frühjahr 2017 lief der letzte Durchgang, das Angebot wird nicht in dieser Struktur fortgeführt.

Ebenfalls in Schleswig Holstein bietet der freie Träger Pädiko e.V. eine Zusatz-qualifikation mit Zertifikat für FachberaterInnen an. Diese Fortbildung umfasst eine Woche Bildungsurlaub und vier weitere zweitägige Seminare. Eine anteilige Kostenübernahme kann beim Landesministerium beantragt werden. Inhalte der Fortbildung sind: Teamentwicklung, Gesprächsführung und Beratung, Bildungs-, Betreuungs- und Erziehungskonzepte, Organisations- und Personalentwicklung, Beratungskompetenz hinsichtlich Qualifizierung und Weiterbildung, Qualitäts-management, Kooperation und Vernetzung im Sozialraum, Konfliktmanagement, Supervision (www.paediko.de/beratung/coaching/).

Sachsen

In Sachsen gibt es ein etabliertes Konzept zur flächendeckenden Fortbildung der FachberaterInnen. Bereits 2012 wurde vom Landesjugendamt die »Empfehlung zur Fachberatung in Kindertagesstätten« verabschiedet, die unter anderem regel-mäßige Angebote des Landesjugendamtes zur Aus- und Fortbildung von Fachbera-terInnen vorsieht. Der »Grundkurs Fachberatung« ist verpflichtend und umfasst neun Module à drei Tage in drei Jahren. Die Inhalte lauten: Rolle von Fachbera-tung, Beratungsansätze/-beziehungen/-formen, Prozesse steuern/Gruppendyna-mik, Kommunikation und Gesprächsführung, Öffentlichkeits- und Netzwerkar-beit, Qualitätsentwicklung und -sicherung, Konfliktmanagement/Mediation.

Mecklenburg-Vorpommern

In Mecklenburg Vorpommern hat das Ministerium für Soziales, Integration und Gleichstellung mit der Durchführung einer entsprechenden Fortbildung den Verein »Schabernack e.V.« beauftragt. Der »Qualifizierungskurs zum/r Fach- und PraxisberaterIn in Kindertageseinrichtungen« umfasst folgende Themen und Inhalte: Rolle und Identität, Auftragsklärung und Vertragsgestaltung, das Modell der kollegialen Beratung, Konzepte der Pädagogik und Konzeptionsentwicklung, Kommunikation und Gesprächsführung, Teamentwicklung, Gruppendynamik, Gewaltfreie Kommunikation nach M. Rosenberg, Konfliktmoderation, Qualitätsentwicklung in Kindertageseinrichtungen, Instrumente der Personalentwicklung, Beobachtungs- und Dokumentationsverfahren, Marketingstrategien.

Der Kurs geht über ein ganzes Jahr und umfasst 264 Stunden – davon: 176 Stunden an 22 Seminartagen, 40 Stunden Selbststudium sowie 40 Stunden Praxisaufträge und Beratungsgruppen und acht Stunden Supervision. Nach der erfolgreichen Teilnahme erhalten die FachberaterInnen ein Zertifikat (www.schabernack-guestrow/article/artivleview/2071/1/625/).

Berlin

In Berlin bietet das »Institut für Kita-Entwicklung« ein Fortbildungsangebot zur Qualitätsentwicklung für Berliner Kitas für Fachberatungen aller Träger an. Es umfasst sieben Tage in zwei Modulen, die sich inhaltlich aber schwerpunktmäßig Qualitätsentwicklungsfragen und dem Berliner Bildungsprogramm widmen und nicht explizit an den Kompetenzen der FachberaterInnen ansetzen.

Nordrhein-Westfalen

In Nordrhein-Westfahlen startete im Jahr 2016 die Weiterbildung »Update Kita Fachberatung« an der Fachhochschule in Münster (www.fh-muenster.de). Sie wurde mit dem Landesjugendamt gemeinsam entwickelt und umfasst folgende Inhalte:

1. Rolle der Fachberatung
2. Beratungskompetenz der Fachberatungen stärken
3. Kenntnisse der frühkindlichen Bildung, Betreuung und Erziehung
4. Rechtliche Grundlagen und Netzwerkarbeit
5. Personalmanagement und Organisationsentwicklung
6. Qualitätsmanagement und Evaluation

Jedes der sechs Module hat einen Umfang von zwei Tagen mit je acht Unterrichtsstunden. Die Reihe geht über ein dreiviertel Jahr und wird von einschlägigen ReferentInnen und ProfessorInnen der Fachhochschule durchgeführt.

Hessen

In Hessen wurde an der Hochschule Rhein-Main (www.hs-rm.de) im Frühjahr 2017 der erste Weiterbildungsdurchgang für Kita-Fachberatungen abgeschlossen. Die folgenden Inhalte wurden während knapp eines Jahres in fünf Seminaren zu je drei Tagen vermittelt:

1. Ziel und Auftragsklärung der Fachberatung
2. Kommunikationsprozesse gestalten und begleiten
3. Fachberatung als Organisationsentwicklung
4. Vernetzt arbeiten – fachpolitisch handeln
5. Qualitätsentwicklung

Referentinnen waren hauptsächlich die ProfessorInnen der Hochschule. Die Teilnehmenden erhielten ein Zertifikat.

Niedersachsen

In Niedersachsen gibt es seit Januar 2017 ein Fortbildungsangebot des Kultusministeriums für junge bzw. neue FachberaterInnen. Das **nifbe** hat an der Entwicklung des Curriculums mit fünf Modulen zu je 20 Unterrichtsstunden mitgewirkt und ist ebenso mit der Evaluation des ersten Durchgangs beauftragt. Die Teilnehmmenden erhalten nach erfolgreichem Abschluss ein Zertifikat. Die Module haben folgende Inhalte:

1. Aufgaben und Rolle als Fachberatung für Kindertageseinrichtungen reflektieren
2. Professionelle Haltung entwickeln
3. Bildungsauftrag praxisorientiert vermitteln
4. Pädagogische Praxis beraten
5. Qualitätsentwicklung begleiten

Die DozentInnen sind einerseits freie ReferentInnen und andererseits berufserfahrene FachberaterInnen mit Zusatzqualifikationen. Die Weiterbildung bezieht sich mit ihrem Konzept auf Studien des Deutschen Jugendinstituts (WiFF) und den Deutschen Qualifikationsrahmen (DQR). Sie geht davon aus, dass die FachberaterInnen bereits über vielfältige Vorerfahrungen und zum Teil über eine wissenschaftliche Ausbildung verfügen.

Bundesweiter Trend zur Aus- und Weiterbildung von Fachberatung

Freie Träger und Wohlfahrtsverbände bieten teilweise auf regionaler Ebene (z.B. die Landeskirchen) oder Bundesebene Fortbildungen für »ihre« FachberaterInnen an. Aber auch hier zeigen Stichproben, zum Beispiel auf den Homepages von Vereinen, privaten Trägern, Verbänden und Unternehmensgruppen, dass das Thema Fachberatung und deren Fortbildung nicht generell verankert ist.

Zusammenfassend ist jedoch erkennbar, dass sich bundesweit ein Trend zur Aus- und Weiterbildung von FachberaterInnen durch Vereine und Hochschulen abzuzeichnen scheint. In der Regel sind die zuständigen Landesministerien in irgendeiner Art und Weise involviert. Während die Inhalte Überschneidungen aufzeigen, zum Beispiel bei den Themen Kommunikation oder Qualitätsmanagement, sind Umfang und Dauer der Veranstaltungen sowie die Kosten sehr unterschiedlich.

Geht man davon aus, dass insbesondere jüngere HochschulabsolventInnen und BerufseinsteigerInnen einen Familienwunsch haben und aufgrund der Stellenausschreibung häufig in Teilzeit arbeiten, ergibt sich für die Weiterbildung von FachberaterInnen ganz klar die Forderung nach Vereinbarkeit von Familie und Beruf mit einer Zusatzausbildung. Um hohe Zulaufquoten zu erreichen, muss das Angebot die Bedarfe berücksichtigen, die sich aus den modernen Lebensentwürfen von Frauen ergeben, auch wenn Leygraf (2013) in seiner Untersuchung ein Durchschnittsalter von 49 Jahren bei den FachberaterInnen ermitteln konnte. Zu den Hürden für Weiterbildung zählen nach Behler und Walter (2012) neben den Familienaufgaben die hohen Kosten und der Faktor »Zeit«. Dies gilt vor allem dann, wenn es keine Freistellung oder Kostenübernahme seitens des Arbeitgebers gibt.

Kindheitspädagogik als Studium für angehende Fachberatungen

Als Motiv von ErzieherInnen, ein Studium aufzunehmen, gehört ganz deutlich: Sie sehen das Feld der Fachberatung als angestrebtes Ziel (Beher & Walter 2011). In den 2000er Jahren entstanden an Hochschulen und Universitäten immer mehr Studiengänge oder Vertiefungsschwerpunkte für Elementar- oder Frühpädagogik. Kirstein, Fröhlich-Gildhoff und Haderlein (2012) untersuchten den Verbleib der AbsolventInnen einiger dieser Studiengänge und stellten fest, dass 82 Prozent vorher bereits als ErzieherIn gearbeitet bzw. einen Abschluss als ErzieherIn gemacht hatten. Rund 70 Prozent der AbsolventInnen arbeiten danach im Bereich Krippe und Kita, teilweise als Leitungen, was aber nicht dezidiert erfasst wurde. Immerhin 5,6 Prozent der AbsolventInnen ergreifen den Beruf der Fachberatung.

Im Hinblick auf ihre berufliche Zukunft befragt, gibt ein großer Teil an, sich zukünftig um eine eigene Familie kümmern bzw. die Stelle wechseln zu wollen, wobei beim Wechsel der berufliche Aufstieg zweitrangig zu sein scheint (ebd.). Der Wunsch nach Zeit für eine eigene Familie wird wichtig, wenn es um die Ausgestaltung der Angebote der Fort- und Weiterbildung für potenzielle Fachberatungen geht.

Ein Weg zur beruflichen Position als Fachberatung ist also die Höherqualifizierung von der Kita-Leitung zur Fachberatung. Von Anstellungsträgern wird oft in Stellenanzeigen Berufserfahrung als Kita-Leitung gewünscht. Die Praxiserfahrung wird von wissenschaftlicher Seite ebenso eingefordert (vgl. u.a. Preissing 2015). Die Studie von Beher und Walter (2012) zeigt, dass rund 13 Prozent der Kita-Leitungen bereits über einen Hochschulabschluss verfügen, vornehmlich im Bereich Sozialpädagogik (FH). Bei den Leitungen, die eine hundertprozentige Freistellung vom Gruppendienst haben, liegt der Prozentsatz mit circa 22 Prozent noch höher (ebd.).

Das Studium der Kindheitspädagogik könnte sich also dazu eignen, gezielter als bisher FachberaterInnen für Kitas und Tagespflege auszubilden. Die Tatsache, dass in Stellenanzeigen noch in der Regel nach »SozialpädagogInnen« gesucht wird, lässt darauf schließen, dass auch die Hochschulen die Kompetenzen ihrer AbsolventInnen stärker ins Feld kommunizieren müssten. Im Rahmen der Professionalisierungsbestrebungen im Elementarbereich wäre ein Studium der Kindheitspädagogik eine logische Konsequenz, zumal die zukünftige Kompetenz von Fachberatungen nicht hinter den Qualifikationen der Kita-Fachkräfte zurückfallen sollte (siehe Herrenbrück et al. 2011). Insbesondere, wenn das Bachelor-Studium zur staatlichen Anerkennung führt, scheint der Weg erstrebenswert. AbsolventInnen von Master-Studiengängen haben indes immer noch bei (öffentlichen) Trägern mit Problemen rund um die Eingruppierung zu kämpfen. Das Bundesministerium für Familie, Senioren, Frauen und Jugend (2017) gibt in der Studie von Ramboll an, dass 80 Prozent der befragten Jugendämter einen Fachhochschulabschluss für erforderlich halten, einen Universitätsabschluss fordern nur 28 Prozent. Es gibt somit Kommunen und Landkreise, die keine Universitäts- bzw. Master-AbsolventInnen einstellen können oder wollen bzw. diese unter ihrem Qualifikationsniveau vergüten (vgl. BMFSJ 2017). Hier sind politische Diskussionen vonnöten.

Fazit und Ausblick

FachberaterInnen kommen mit unterschiedlichen Kompetenzen in die Praxis. Während Leygraff (2013) ermittelt hat, dass rund 36 Prozent der Fachberatungen zu den erfahrenen Kräften mit zehn oder mehr Jahren im Beruf gehören, gibt es immerhin auch 20 Prozent NeueinsteigerInnen in das Berufsfeld. Es ist kaum zu erwarten, dass diese Neuen, auch wenn sie in der Regel vorher bereits Berufspraxis gesammelt haben, auf Anhieb das »ganze Paket« mitbringen.

Bis es klare Aufgabenprofile und Stellenbeschreibungen sowie Qualifikationen und Qualifikationswege und entsprechend Prüfungen und/oder Abschlüsse mit staatlicher Anerkennung geben wird, bleibt Fachberatung ein »unechter Anlernberuf«. Attraktive Module an Hochschulen, Universitäten oder bei Weiterbildungsanbietern wären wünschenswert, sodass jede und jeder sich in seinen Desideraten fortbilden kann und am Ende über ein möglichst breites Spektrum von Kompetenzen verfügt. Allseits besteht die Forderung nach Durchlässigkeit in Aus- und Weiterbildungssystem (vgl. u.a. Beher & Walter 2010), zumal auch der Abschluss als ErzieherIn nach dem Deutschen Qualifikationsrahmen (DQR) ebenso wie ein Bachelor-Abschluss der Stufe 6 zugeordnet ist. Die Anrechnung von Aus- und Fortbildung als »Credits« auf ein späteres Bachelor- oder auch Master-Studium geht jedoch meist nur schleppend voran und wird oft als »Einzelfall« behandelt und entsprechend von den Hochschulen und Universitäten geprüft.

Das Feld der Fachberatung wird ferner durch sogenannte »QuereinsteigerInnen« mit unterschiedlichsten (Berufs-)Erfahrungen gestärkt, die die Vielfalt insbesondere auch in größeren Fachberatungsteams ausmachen. Preissing (2015) und andere AutorInnen fordern jedoch zu Recht, Regelungen zur Qualifikation und zur Weiterbildung auf Bund-Länder-Ebene oder auch über ein mögliches Kita-Bundesqualitätsgesetz aufzustellen, um Fachberatung als Ebene im System zu etablieren und strukturell sowie finanziell abzusichern. Als Grundlage können auch Evaluationen der aktuellen Weiterbildungen von Hochschulen und Vereinen dienen.

Eine wissenschaftliche Ausbildung der FachberaterInnen und/oder deren Weiterbildung auf wissenschaftlichem Nivcau – auch im Bereich der Kindertagespflege – wäre somit in allen Bundesländern in Zusammenarbeit mit den Trägern der Kindertagesbetreuung mittelfristig einzurichten.

Literatur

Baumeister, K. & Grieser, A. (2011): Berufsbegleitende Fort- und Weiterbildung frühpädagogischer Fachkräfte – Analyse der Programmangebote. München: DJI.

Beher, K. & Walter, M. (2010): Zehn Fragen – zehn Antworten zur Fort- und Weiterbildungslandschaft für frühpädagogische Fachkräfte. München: DJI.

Beher, K. & Walter, M. (2012): Qualifikation und Weiterbildung frühpädagogischer Fachkräfte. München: DJI.

Bundesministerium für Familien, Senioren, Frauen und Jugend (Hrsg.) (2017): Zoom auf: Fachberatung. Unter Mitarbeit von Ramboll Management Consulting.

Deutsches Jugendinstitut (Hrsg.) (2011): Qualifizierung frühpädagogischer Fachkräfte an Fachschulen und Hochschulen. Dokumentation. München: DJI.

Deutsches Jugendinstitut (Hrsg.) (2014): Kompetenzorientierte Gestaltung von Weiterbildung. München: DJI.

Diller-Murschall, I.; Haucke, K. & Breuer, A. (Hrsg.) (1997): Qualifizierung lohnt sich. Freiburg: Lambertus.

Helm, J. & Schwertfeger, A. (Hrsg.) (2016): Arbeitsfelder der Kindheitspädagogik. Weinheim und Basel: Beltz Juventa.

Hense, M. (Hrsg.) (2010): Fachberatung für Kindertageseinrichtungen. Göttingen: Vandenhoeck & Ruprecht.

Herrenbrück, S. et al. (2011): Fachberatung – zwischen Etablierung und Veränderungsdruck. Theorie und Praxis der Sozialpädagogik (TPS), 4.

Hinke-Ruhnau, J. (2013): Fachberatung für die Kita-Praxis. Göttingen: Vandenhoeck & Ruprecht.

Irskens, B. (1992): Fachberatung – ein Berufsfeld oder eine Sackgasse? In: B. Irskens & R. Engler (Bearb.): Fachberatung zwischen Beratung und Politik – eine kritische Bestandsaufnahme. Frankfurt a.M.: Deutscher Verein.

Kirstein N.; Fröhlich-Gildhoff, K. & Haderlein, R. (2012): Von der Hochschule an die Kita. München: DJI.

Kovacevic, J. & Nürnberg, C. (2014): Kompetenzorientierung als ein didaktischer Ansatz frühpädagogischer Weiterbildung. München: DJI.

Kruse, E. (2012): Anrechnung beruflicher Kompetenzen von Erzieherinnen und Erziehern auf ein Hochschulstudium. München: DJI.

Kuhl, J.; Solzenbacher, C. & Zimmer, R. (Hrsg.) (2017): WERT: Wissen, Erleben, Reflexion, Transfer. Baltmannsweiler: Schneider.

Leygraf, J. (2013): Fachberatung in Deutschland. München: DJI.

Preissing, Ch. (2015): Fachberatung im System der Kindertagesbetreuung. In: S. Viernickel, K. Fuchs-Rechlin, P. Strehmel, Ch. Preissing, J. Bensel & G. Haug-Schnabel: Qualität für alle. Freiburg: Herder.

Remsperger-Kehm, R. & Weidmann, S. (2016): Fachberatung in Kindertageseinrichtungen. In: J. Helm & A. Schwertfeger (Hrsg.): Arbeitsfelder der Kindheitspädagogik: Weinheim und Basel: Beltz Juventa.

Robert Bosch Stiftung (Hrsg.) (2011): Qualifikationsprofile in Arbeitsfeldern der Pädagogik der Kindheit. Stuttgart.

Schoyerer, G. (2014): Kindertagespflege zwischen Anspruch und Wirklichkeit. Marburg: Tectum.

Speth, Ch. (2010): Akademisierung der Erzieherinnenausbildung? Wiesbaden: VS.

Verzeichnis der Autorinnen und Autoren

ELKE ALSAGO, Dipl. Sozialpädagogin, staatl. anerkannte Sozialarbeiterin, Diakonin, Hochschuldozentin an der Evangelischen Hochschule für Soziale Arbeit & Diakonie in Hamburg (Das Rauhe Haus), Vorstandsmitglied der Bundesarbeitsgemeinschaft Bildung und Erziehung in der Kindheit; langjährige Berufserfahrung in der Kinder- und Jugendhilfe, insbesondere als Kita-Leiterin und Fachberaterin: Schwerpunkte in Forschung und Lehre: Fachberatung für Kindertageseinrichtungen, Geschichte der Kinder- und Jugendhilfe, Inklusion, Didaktik (Elementar- und Sozialdidaktik) und Religionspädagogik.

PETRA BEITZEL, Ausbildung und Tätigkeit als staatlich anerkannte Erzieherin, u.a. Leitung einer Kindertageseinrichtung; seit 2003 tätig als Fachberaterin für evangelische Kindertageseinrichtungen in Köln und Region. 2009–2013 berufsbegleitendes Studium Management im Sozial- und Gesundheitswesen B.A. an der Fachhochschule der Diakonie (FHdD) in Bielefeld-Bethel, Abschlussarbeit »Kompetenzprofil der Fachberatung für Kindertageseinrichtungen«, veröffentlicht beim Deutschen Verein für öffentliche und private Fürsorge e.V., Berlin. Mitglied der AG Fachberatung der BAG-BEK e.V.; nebenberufliche Tätigkeit in der Fortbildung und Beratung von Fachberatungen für Kindertageseinrichtungen.

THOMAS C. BIALLUCH, Sonderpädagoge, Fachberater für Inklusion, Mediator und Systemischer Coach. Seit vielen Jahren in der Erwachsenenbildung tätig.

ANDRÉ DUPUIS, Diplom Pädagoge, Gewerkschaftssekretär bei der GEW Baden Württemberg, Bezirk Nordwürttemberg; freiberuflicher Fachberater und Fortbildner.

STEPHANIE EMMEL, Erzieherin, Dipl. Sozialpädagogin, Dipl. Soz. Arbeit, Supervisorin, langjährige Erfahrung als Kita-Leiterin, Zusatzqualifikation Rhythmische Erziehung, Referentin Starke Eltern – Starke Kinder, Gutachterin der Praxis im Akkreditierungsverfahren für zwei Studiengänge der Kindheitspädagogik, Mitwirkung im Beirat Konsultationskindertagesstätten in Niedersachsen, Referentin für frühkindliche Bildung, Multiplikatorin für Bildungs- und Lerngeschichten, Referentin Vielfalt fördert – Vielfalt fordert, Mitentwicklerin des Curriculums zur Qualifizierung von Fachberatungen in Niedersachsen, Referentin in der Qualifizierungsreihe Fachberatung in der Kindertagesbetreuung, MK Niedersachsen, Beiratssprecherin des *nifbe* in der Transferstelle Mitte, Mitgestalterin von Fachtagen, Tagungen und Bildungsmessen zum Thema Fachberatung, kommunale Fachberaterin der Stadt Langenhagen.

RICARDA GELLRICH, Erzieherin und Dipl. Heilpädagogin. Weiterbildungen: Practitioner of NLP, Psychomotorik für pädagogische Fachkräfte. Seit 2012 Fachberaterin für die Stadt Wolfsburg, zuvor langjährige Berufserfahrung in der Arbeit in Kindertagesstätten bei unterschiedlichen Trägern.

JÖRG HARTWIG, Sozialwissenschaftler und Coach (EASC). Seit 2008 Transfermanager im Niedersächsischen Institut für frühkindliche Bildung und Entwicklung (*nifbe*), in der regionalen Transferstelle NordOst in Lüneburg.

DR. KARSTEN HERRMANN, Studium der Literatur und Philosophie, langjährige Tätigkeiten als freier Journalist und Projektmanager. Seit 2007 im *nifbe* für die PR und Wissenschaftskommunikation zuständig.

IRIS HOFMANN, Erziehungswissenschaftlerin M.A., Dipl. Sozialpädagogin (FH). Seit 2016 Transfermanagerin in der *nifbe* Transferstelle SüdOst in Hildesheim. Von 2010 bis 2014 wissenschaftliche Mitarbeiterin an der Stiftung Universität Hildesheim. Weitere Berufserfahrung in den Arbeitsfeldern Jugend- und Erwachsenenbildung sowie Kita-Fachberatung. Aktuelle Interessen- und Arbeitsschwerpunkte: Familien mit Fluchterfahrung, Gesundheit in der Kita und Fachberatung.

CLAUDIA HRUSKA, Psychologin, Sozialtherapeutin, Neurowissenschaftlerin und Frühpädagogin. Bevor sie am Arbeitsbereich Early Childhood in Context (ECC) von Professorin Liselotte Ahnert an der Universität Wien forschte, baute sie an der Universität Leipzig den Arbeitsbereich Pädagogik der frühen Kindheit sowie einen frühpädagogischen Masterstudiengang auf und führte Untersuchungen zur Fachberatung durch. Ihre Lehr- und Forschungserfahrungen sammelte sie als Hochschullehrerin und Weiterbildnerin an der Freien Universität Berlin, der Hochschule Neubrandenburg und der PH Karlsruhe. Während eines Forschungsfreisemesters lernte sie intensiv das frühkindliche Betreuungssystem Neuseeland kennen. Hier intensivierte sie ihre Forschungsaktivitäten zur Interaktionsqualität im Ländervergleich.

PROF. DR. MARIA-ELEONORA KARSTEN, Studium der Erziehungswissenschaft, Sozialpädagogik, Sozialwissenschaften und Psychologie. Professur für Sozial-administration und Sozialmanagement an der Leuphana Universität Lüneburg; nebenamtliche Gleichstellungsbeauftragte über rund 20 Jahre und diverse Hochschulpolitische Funktionen. Lehrgebiete: Sozialdidaktik, Genderforschung, Sozialmanagement und Sozialpädagogik.

MARIA KORTE, Dipl. Sozialpädagogin. Sie arbeitet seit 2007 im *nifbe* und ist ausgebildete Mediatorin und Netzwerkmanagerin. Im Koordinations- und Transferzentrum des *nifbe* ist sie zuständig für die landesweite Koordination von Bildungsschwerpunkten und landesweites Netzwerkmanagement. Ihre thematischen Arbeitsschwerpunkte sind Professionalisierung, Umgang mit Vielfalt/Interkulturelle Kompetenz und Elternbildung.

DR. KATRIN LATTNER arbeitet seit 2015 als wissenschaftliche Mitarbeiterin/Postdoc im Arbeitsbereich »Pädagogik der frühen Kindheit« an der Universität Leipzig. Als wissenschaftliche Mitarbeitern der Hochschule Osnabrück war sie seit 2010 für die Durchführung verschiedener (landesweiter) Forschungsstudien für den Bereich Frühe Kindheit zuständig. Sie studierte an der Freien Universität Berlin Erziehungswissenschaft (Diplom) mit dem Schwerpunkt Kleinkindpädagogik und Sozialpädagogik (2010). Ihre Promotion hat sie 2015 an der Freien Universität Berlin abgeschlossen. In ihrer Dissertation hat sie sich mit der aktuellen psychischen Gesundheitslage von frühpädagogischen Fachkräften in Niedersachsen beschäftigt.

PROF. DR. MICHAEL MAY, Erziehungswissenschaftler; Professor für Theorie und Empirie Sozialer Arbeit mit dem Schwerpunkt Gemeinwesenarbeit an der Hochschule RheinMain; Sprecher des Hessischen Promotionszentrums Soziale Arbeit; Redaktionsmitglied der Zeitschrift Widersprüche; Forschungsschwerpunkte: Politik und Pädagogik des Sozialen, Professionalität Sozialer Arbeit, Gemeinwesenarbeit, Intersektionalität.

HILKA NEUNABER, Erziehungs- und Bildungswissenschaftlerin M.A., Pädagogin und ev. Theologin BA, staatlich anerkannte Erzieherin; ehemalige *nifbe*-Transfermanagerin RTS Mitte, mehrjährige Tätigkeit im Elementarbereich. Seit 2017 Referendarin an einer berufsbildenden Schule (Fächer: Sozialpädagogik und ev. Religion).

DR. CHRISTA PREISSING

Diplom-Soziologin (1974) und Dr. phil. (1984) an der Freien Universität Berlin; seit 2008 Direktorin des Berliner Kita-Instituts für Qualitätsentwicklung (BeKi); Präsidentin der Internationale Akademie Berlin gGmbH (INA); zahlreiche Projektleitungen, u.a. Kinderwelten – vorurteilsbewusste Erziehung und Bildung in Kindertageseinrichtungen (2000–2003).

GUDRUN RÖNSCH, 1990 Abschluss zur »staatlich anerkannte Erzieherin«, zwei Kinder, 1990 bis 1994 Kita-Leiterin in der Diakonissenanstalt »Emmaus« Niesky, nach Elternzeit des ersten Kindes berufsbegleitendes Studium an der Hochschule Zittau/Görlitz (FH), 2000 Abschluss als Dipl. Sozialpädagogin, gleichzeitig Beginn der Kita- Fachberatungstätigkeit; 2008/2009 Qualifizierung zum Coach (ISP/ DHfC), 2012 Qualifizierung zur Dozentin Kinderschutz, 2016/2017 Teilnahme am Aufbauseminar »Systemisches Arbeiten in der Fachberatung für Kindertageseinrichtungen und Kindertagespflege«, 2017 Qualifizierung zur Trainerin KITA evangelisch (Evangelische Hochschule Berlin).

MIRELA SCHMIDT, Dipl. Pädagogin, Studium der Erziehungswissenschaften sowie Lehramt, Coach (EASC). Seit 2008 Transfermanagerin im Niedersächsischen Institut für frühkindliche Bildung und Entwicklung (*nifbe*), in der regionalen Transferstelle NordOst in Lüneburg.